美丽中国少年说

“绿水青山图　童眼看自然”

全国小学生自然教育优秀作品选集

全国小学生自然教育征文活动组织委员会
中国林业与环境促进会 等　编

中国林业出版社

图书在版编目(CIP)数据

美丽中国少年说："绿水青山图　童眼看自然"全国小学生自然教育优秀作品选集 / 全国小学生自然教育征文活动组织委员会等编. -- 北京：中国林业出版社，2018.11（2020.9重印）

ISBN 978-7-5038-9849-5

Ⅰ. ①美…　Ⅱ. ①全…　Ⅲ. ①小学生－自然教育－文集　Ⅳ. ① G620-53

中国版本图书馆 CIP 数据核字（2018）第 260864 号

中国林业出版社·生态保护出版中心

策划与责任编辑：肖静

出版　中国林业出版社（100009　北京市西城区德胜门内大街刘海胡同 7 号）
http://lycb.forestry.gov.cn　电话：（010）83143577

发行　中国林业出版社

印刷　河北京平诚乾印刷有限公司

版次　2018 年 11 月第 1 版

印次　2020 年 9 月第 2 次

开本　880mm × 1230mm　1/32

印张　8.625

字数　220 千字

定价　88.00 元

全国小学生自然教育征文活动

主办单位

中国林业教育学会自然教育分会

中国林业与环境促进会自然资源营地委员会

中国林学会森林公园分会

中国生态文化协会森林生态文化分会

支持单位

国家林业和草原局森林公园管理办公室

国家林业和草原局森林旅游管理办公室

中国林场协会

总指导

杨连清

组织委员会

孟繁志　张　鑫　俞　晖　陈鑫峰　钟永德　董建文　李盼盼　李智超

评审委员会

主　任： 张　鑫（中国林业与环境促进会副主席）

成　员： 易　清（世界自然基金会中国公众参与部门传播经理）

胡勘平（中国生态文明研究与促进会研究与交流部主任，编审，研究员。其作品《鹿和狼的故事》已被录入人教版《语文》六年级上册第14课）

张　勖（中南林业科技大学教授，林业创新融合发展研究所所长）

李铁铮（北京高校新闻与文化传播研究理事长、教授）

陈书俊（腾讯在线教育部负责人，伦敦帝国理工学院工学博士，有9年麦肯锡管理咨询经验，现全面负责腾讯课堂、企鹅辅导、ABCmouth三大业务品牌建设）

周　艳（“三位一体”生态化大语文体系总架构师，企鹅辅导语文组负责人，“未来一对一”国际教育项目语文负责人，首届国际互联网教育峰会语文分享专家）

董　正（中国人民大学硕士，经济师，著名书画家）

吕政嘉（“三位一体”生态化大语文体系核心成员，“未来一对一”国际教育项目核心团队成员，原中国人民大学附属中学西山学校初中、国际高中语文教师）

程子豪（中国人民大学文学院硕士，北京市海淀区优秀青年教师，北京市海淀区先进教育工作者，现企鹅辅导语文教师）

马秀英（北京大学政府管理学院硕士，网络教育学院教师，多家知名机构语文学科负责人，现企鹅辅导语文教师）

齐　霁（北京师范大学文学硕士，多家知名机构语文学科教研负责人，现企鹅辅导语文教师）

杨红子（北京师范大学硕士，多次获得省级教学大赛、教学论文比赛一等奖，现企鹅辅导语文教师）

余　跃（毕业于武汉大学中文系，有多年在线语文授课经验，企鹅辅导“三位一体”小学教研体系负责人）

张馨婷［（国林教育咨询（广东）有限公司联合创始人，全球精英世代（EGW）联合创始人］

我的学习经验（代序）

阳含熙

我爱读书。一卷在手，古今中外的人都来和我谈话，非常自由地谈话，随心所欲地，或停止或继续；名山大川异方殊俗，任意游赏款接。然而，这样美好的学习经验，一旦和接触真正的自然界这本“活书”相比，那就有天壤之别了。

当你置身于大自然的原野之中，她的无限风光丰富多彩，变幻莫测，令人目瞪口呆，顶礼膜拜，忘掉自己，自己实实在在和眼前的万物一样，只是一个万能无上“上帝”创造的大千世界的一粒“砂子”。我走进一片天然森林，也许能认识一些树木花草，可是它们的姿态行为没有一次是完全相同的一首歌，每一次相见都发现一些前所未有的新东西。至于天上突然飞过一只小鸟，地面爬进一只昆虫，土中挖出来一些小动物，这些许许多多我连名字也叫不出来的生物，怎么可能被我这样一个“人”理解和说明呢！我一次只能学到一点新东西，有时需要回来查阅“死书”，更懊丧的是发现原来自以为新的东西别人早已见过、说过。我只有很快再走大自然，开始又一次新的探索。不管我去过的是森林、草原、荒漠、冻原、湖泊，还是海洋……我都会有同样的感受。

几十年过去了，我的精力渐渐衰退了，但我终于积累到了两点经验：其一，我一生学习到的东西实在只是无穷无尽的自然界的点点滴滴，我只是短暂、蒙昧的一个生命；其次，科学研究是一个探索自然的过程，一个相对真理不断接近绝对真理这一巨大冰山浮出海面的一小部分。21世纪必将会有更快、更多、更大的突破——这里我还说一句内心深处的话，我们伟大祖国也将重新赢得她在数百年前科学发展史上的光荣地位。

我深信，我们这一代的一项神圣使命是爱护这个无限丰富的自然界，将它留给比我们更有知识、更有能力的后来人去探索、去理解。我们必须谦虚谨慎，三思而行，绝对不能轻率地想用一切粗糙的人为的东西来代替大地母亲几十亿年创造的世界。

阳含熙（1918年4月29日至2010年8月29日），江西南昌市人，著名林学家、森林生态学家，中国林业与环境促进会原理事长。他在生态学领域进行了许多开拓性的研究，特别是对杉木生态学的系统研究，为中国森林生态学应用基础研究奠定了基础；倡导并发展了中国植物数量生态学，使植物生态学由定性描述阶段发展到定量分类阶段。他在促进国际科技合作与学术交流方面做了大量工作，特别是为中国"人与生物圈"国家委员会参加国际研究项目和有关生态科学的国际交流做出了显著贡献。他1939年获金陵大学森林学学士、1949年获澳大利亚墨尔本大学植物学院科学硕士学位、1950年获英国牛津大学森林学硕士学位，为中国科学院自然资源综合考察委员会研究员，新中国生态学开拓者之一。他在20世纪50年代为海南岛橡胶林勘察设计和热带林业提供科学依据；提出杉木林人工林型分类、气候区划和土壤分类系统，开展杉木林生态定位观测和试验，以及速生丰产林栽培技术研究；解决了北方平原杨树造林的重要生态疑难问题；倡导并发展了中国植物数量生态学的研究工作；1979年首次用微机做出中国植物群落数量分类；从事东北林区阔叶红松林的数量分类、种群格局、年龄结构、更新策略和动态研究。1991年，他当选为中国科学院院士（学部委员）。

目录

序

优秀文笔奖

日　出

广东省深圳市龙园外语实验学校四年级一班　陈昱熹 / 020

树木也有情

北京市北京师范大学朝阳附属学校小学部四年级五班　徐子涵 / 022

看绿道之美

广东省深圳市鹏兴实验学校六年级七班　王婧；指导老师：杨涛 / 024

走进大自然的春天

黑龙江省牡丹江市平安小学六年级四班　王睿泽 / 026

乡村小记——我的暑假幸福生活

北京市东城区和平里第四小学三年级三班　韩林佑 / 028

那一片小树林

广东省深圳市龙园外语实验学校五年级四班　章哲萌 / 030

走进竹山

山东省诸城市府前街小学五年级七班　赵力璇 / 032

罗霄山上有大院

湖南长沙市雨花区砂子塘天华寄宿制学校三年级一班　李小栋 / 034

游武功山

江西省南昌市站前路小学四年级三班　李昀霖 / 036

松鼠皮乐乐的完美假期

重庆市渝北区东和春天实验学校四年级三班　雷景皓 / 038

相约黄柏塬

黑龙江省牡丹江市立新小学五年级二班　于础宁 / 042

美丽的辉腾锡勒大草原

广东省深圳市龙园外语实验学校五年级四班　陈佳琪 / 044

自然生态，美丽陵川

山西省晋城市陵川县城南友谊小学五年级二班　张鑫乐 / 046

仙　湖

广东省深圳市鹏兴实验学校六年级四班　陈嘉玲 / 048

拥抱生命的绿色

青岛市崂山区沙子口小学五年级　孙逸可 / 050

童眼里的相山

江苏省南通市姜灶小学六年级六班　杨雨晨 / 052

辽阔的大草原

山东省东营市胜利锦华小学四年级三班　周夕荞 / 054

淇河诗苑——我最喜欢的地方
河南省郑州木子联大外国语小学三年级一班　张恩麓 / 056

优秀感悟奖

雪　景
广东省深圳市龙园外语实验学校六年级　石瑾 / 060

我是一片如花似玉的叶子
湖南省岳阳市岳阳楼区朝阳小学184班　李卓远 / 062

我知有盘山
中国教育科学研究院朝阳实验学校四年级八班　郑天霖 / 064

京南游记
河北省任丘市第一实验小学三年级一班　郑亚瑄 / 066

家乡变奏曲
山东省临沂市东营胜利科技小学五年级二班　栾司成 / 068

仙湖植物园之四季美景
广东省深圳市鹏兴实验学校四年级三班　万静依；指导老师：叶静静 / 070

母亲河需要你我的关怀
黑龙江省牡丹江市平安小学二年级五班　杜东格 / 072

发现仙湖
广东省深圳市鹏兴实验学校六年级四班　惠文皓 / 074

我家后花园——马山坡
山东省济南市山东师范大学附属小学雅居园校区三年级一班　苗雨晗 / 076

游东湖

广东省深圳市鹏兴实验学校六年级四班　吴安琪 / 078

大自然，我们的母亲

山东省青岛市沙子口小学五年级一班　王洪坤 / 080

神秘的太行洪谷

山西省晋城市沁水县西关小学六年级一班　李昊聪 / 084

绿水青山图不是梦

山东省青岛市沙子口小学六年级三班　宋子璇 / 088

庐山见闻

江西省南昌市铁路一小二年级六班　闵思颖 / 090

小树悲喜录

山东省济南市师范大学附属小学雅居园校区三年级　郑皓阳 / 092

沙漠之上，黄河之巅

广东省深圳市鹏兴实验学校四年级一班　谭宗昊 / 094

感悟自然

山东省青岛市崂山区沙子口小学五年级　孔祥滢 / 096

再登梧桐山

广东省深圳市龙园外语实验学校五年级二班　韩运川 / 098

脑海中的大河

山东省青岛市崂山区沙子口小学四年级　曲睿扬 / 100

仙湖幻想曲

广东省深圳市鹏兴实验学校六年级四班　杨佳睿；指导老师：向芬芬 / 102

远方的蓝眼睛

北京市北京外国语大学附属外国语学校四年级　庞芊羽 / 106

水上森林

广东省深圳市龙园外语实验学校五年级二班　廖霞琳 / 108

优秀观察奖

我眼中的自然

山东省青岛市沙子口小学五年级一班　王英姿 / 112

大　海

广东省深圳市龙园外语实验学校六年级一班　吴星昱；指导老师：张玲 / 116

我眼中的大自然

江西省宜春地区靖安县小学三年级六班　孙雨涵 / 118

天堂仙湖

广东省深圳市龙园外语实验学校五年级二班　汤嘉媛；指导老师：杨永婷 / 120

美丽的仙湖植物园

广东省深圳市鹏兴实验学校六年级　刘一诺；指导老师：郭晓维 / 122

听，是谁在哭泣

黑龙江省牡丹江东华小学一年级一班　赵雨琦 / 124

游太平森林公园

广东省深圳市鹏兴实验学校六年级六班　余伊蔓；指导老师：郭晓维 / 126

充满生机的雨林大观

广西壮族自治区南宁市桂雅路小学五年级七班　李佳奕 / 128

观黄果树瀑布

广东省深圳市鹏兴实验学校六年级七班　祁馨宇；指导教师：杨涛 / 130

珍爱自然之美

山西省晋城市陵川县城南友谊小学六年级一班　邱楚萌 / 132

白水涧游记

浙江省杭州市省府路小学五年级四班　蒋奕同 / 134

夕　阳

广东省深圳市龙园外语实验学校四年级三班　刘帅 / 136

林间小道

广东省深圳市鹏兴实验学校六年级四班　李思成 / 138

倾听大兴安岭的声音

黑龙江省牡丹江市师范附属小学四年级一班　梁肇鑫 / 140

走进仙湖植物园

广东省深圳市鹏兴实验学校六年级六班　祝熙檀；指导老师：郭晓维 / 142

珍爱地球，从我做起

山西省晋城市沁水县西关小学四年级四班　徐从周 / 144

游漓江

广东省深圳市鹏兴实验学校四年级七班　张景尧；指导老师：黄秀慧 / 146

游镜泊地下森林有感

黑龙江省牡丹江市平安小学六年级二班　程汉祥 / 148

探究自然之奥秘

广东省深圳市鹏兴实验学校五年级五班　刘政熹 / 150

镜泊湖的彩虹

黑龙江省牡丹江市先锋小学三年级二班　王姝涵 / 152

保护生态，转化能源

青岛市崂山区第二实验小学六年级五班　刘镇宁 / 154

我们的大自然

广东省深圳市龙园外语实验学校六年级二班　邢新雅 / 156

湿地探秘

江苏省苏州市高新区狮山实验小学四年级五班　马云帆 / 158

探仙湖森林

广东省深圳市鹏兴实验学校六年级四班　李浦铭 / 160

春天的西湖

广东省深圳市龙园外语实验学校五年级三班　郝好；指导老师：易华荣 / 162

美丽的姑娘——西双版纳

山东省烟台开发区第九小学四年级一班　唐嘉欣 / 164

夏游镜泊湖

黑龙江省牡丹江市立新小学四年级六班　颜宇阳 / 166

鸟的乐园

广东省深圳市龙园外语实验学校五年级一班　郝梓琪 / 168

叶　子

广东省深圳市龙园外语实验学校六年级A班　许君泽 / 170

华山游记

四川省成都市树德小学五年级三班　杨惠媛 / 172

美丽的火烧云

广东省深圳市龙园外语实验学校四年级三班　唐瑞蔓 / 174

美丽景色背后的艰辛

山西省晋城市陵川县城南友谊小学五年级三班　靳博皓 / 176

家乡的美景

广东省深圳市龙园外语实验学校四年级四班　薛羽涵 / 178

周洛大峡谷

湖南省长沙市天心区青园小学六年级二班　吴润东 / 180

美丽的亚龙湾

广东省深圳市龙园外语实验学校四年级B班　郑欣妍 / 182

与众不同的海

山东省东营市实验小学五年级十班　张奕菲 / 184

美丽的深圳湾公园

广东省深圳市龙园外语实验学校　吕柏霖；指导老师：陈炜玉 / 186

神奇的太行洪谷

山西省晋城市沁水县西关小学六年级一班　王若宁 / 188

莫干山色

广东省深圳市龙园外语实验学校六年级二班　赵卿颐 / 190

森林公园一日游

山西省晋城市陵川县城南友谊小学五年级三班　郭子萌 / 192

新疆的雅丹、草原和森林

湖南省长沙市枫树山小学三年级六班　钟楚雨 / 194

雨游西湖

河南省郑州市贝斯特外国语小学四年级二班　王景德 / 196

我与自然的亲密接触

广东省中山市民权路博爱小学三年级　黄粤桂 / 198

崂山之美

山东省青岛市沙子口小学四年级　孙若芊 / 200

美丽的杨梅坑

广东省深圳市龙园外语实验学校四年级一班　余柳嫣；指导老师：刘红霞 / 202

参观自然宣教中心

福建省福州市仓山小学四年级二班　邱嘉琳 / 204

山庄里的夏令营

广东省深圳市鹏兴实验学校四年级二班　朱习之；指导老师：刘薇 / 206

五彩的八大关

山东省青岛市沙子口小学五年级　王小涵 / 208

大理的眼睛——洱海

北京市东城区和平里第四小学六年级三班　孙一涵 / 210

一次有意义的自然教育课

中国教育科学研究院朝阳实验学校六年级八班　冯梦晴 / 212

美丽的崂山

山东省青岛市沙子口小学四年级　王理德 / 214

走进松山

黑龙江省牡丹江市江南实验小学三年级一班　王云生 / 216

绿水青山雁荡情

浙江省杭州市绿城育华桃花源学校六年级一班　周云龙 / 218

保护自然，人人有责

黑龙江省牡丹江市江南实验小学三年级八班　邢辰睿 / 220

大自然是我的好朋友

山东省济南市春晖小学四年级三班　李雨芊 / 222

感恩大自然

黑龙江省牡丹江市立新小学五年级四班　石晗歌 / 224

九月秋微凉

北京市芳草地国际学校民族校区二年级二班　于子涵 / 226

风光旖旎的茅兰沟

黑龙江省牡丹江市先锋小学一年级二班　王奕泽 / 228

泰山的水，泰山的树

广东省广州市广东生态工程职业学院附属小学一年级一班　吴斯蒙 / 230

牡丹江——我永远的家园

黑龙江省牡丹江市立新小学六年九班　田高昂 / 232

中山的母亲河

广东省中山市博爱小学五年级三班　张家欣 / 234

东方小巴黎——哈尔滨

黑龙江省牡丹江市立新小学三年级六班　白昊桐 / 236

我爱你，千岛湖

北京市芳草地国际学校日坛校区三年级三班　付思博 / 238

明亮的玉石——兴凯湖

黑龙江省牡丹江市光华小学四年级一班　徐翊然 / 240

神奇的植物园

江西省南昌市京东学校六年级二班　李盛晗；指导老师：李丽霞 / 242

奇妙的大自然——牡丹峰

黑龙江省牡丹江市先锋小学二年级四班　黄兴 / 244

游青山绿水，做环保之人

山西省晋城市陵川县城南友谊小学四年级四班　刘家桐 / 246

可爱的卧龙，可爱的大熊猫

黑龙江省牡丹江市立新小学四年级六班　陈芊凝 / 248

最美松花江

黑龙江省牡丹江市先锋小学二年级四班　赵宇轩 / 250

银装素裹之城——哈尔滨

黑龙江省牡丹江市新安小学六年级三班　吴舒贤 / 252

渤海镇之旅

黑龙江省牡丹江市长安小学五年级一班　胡博文 / 254

多彩泰山

山东省青岛市沙子口小学四年级　姜琪 / 258

中国雪乡

黑龙江省牡丹江市立新小学六年级九班　王堃铭 / 260

后　记

优秀文笔奖

日　出

广东省深圳市龙园外语实验学校四年级一班　陈昱熹

最美的景致从来不是花高价钱购得，它们来自于大自然的反馈。这是我第一次看日出，让我大饱眼福。

天空好像被渡上了一层灰白色，俯卧不见山脚，四周寂静无声。一会儿，云海渐渐升高，几朵云团滚滚而来，环绕着远处的山峰久久不散，像是给山峰戴上了白色的花环，天空中隐隐约约还露着明月，显出了无限的诗意。

抬头望去，不知什么时候，东方上空出现了鱼肚白，云层下面抹上了一层迷人的色彩，天边出现了一条橘黄色的彩带，细细长长的，就像横在天地之间的彩虹，海和天空分清了界限。不一会儿，东方上空的云朵抹上了一层绯红，猛然，天地间射出一道耀眼的金光。时间一分一秒地过去，天空越来越亮，在地平线上慷慨地放着红光，云朵被这绚丽红光感染，变成了赤、橙、黄、绿、青、蓝、紫等多种颜色，有的云朵还染上了一层金边，真是美妙绝伦。

突然，火红的旭日露了出来，像娃娃的脸一样，摇摇晃晃地在云海中跳来跳去，时隐时现。这火红的球一探再探，最后猛地一跃，跳出云层，射

出万道光芒，霎时间霞光布满了半个天。围绕着这一轮红日，那轻舒漫卷的云朵也好似身着红装的少女，正在翩翩起舞。太阳冉冉升起，大地披上了红装，远处沉睡的山峰苏醒了，它们迎着晨风，浴着朝阳，显得更加巍峨峻拔。

最美的景致从来不是花高价钱购得，我有幸目睹这日出的过程，感谢大自然的完美馈赠。

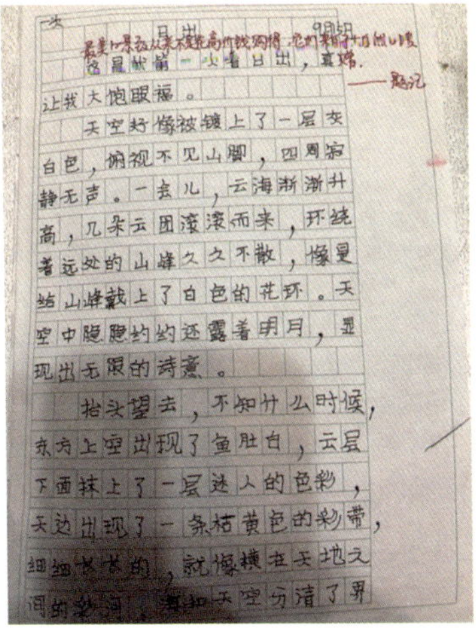

日出

最美的景致从来不是花高价钱购得，它们来自于大自然的馈赠。

这是我第一次看日出，真好，让我大饱眼福。

——题记

天空好像被镀上了一层灰白色，俯视不见山脚，四周寂静无声。一会儿，云海渐渐升高，几朵云团滚滚而来，环绕着远处的山峰久久不散，像是给山峰戴上了白色的花环。天空中隐隐约约还露着明月，显现出无限的诗意。

抬头望去，不知什么时候，东方上空出现了鱼肚白，云层下面抹上了一层迷人的色彩，天边出现了一条枯黄色的彩带，细细长长的，就像横在天地之间的界河，

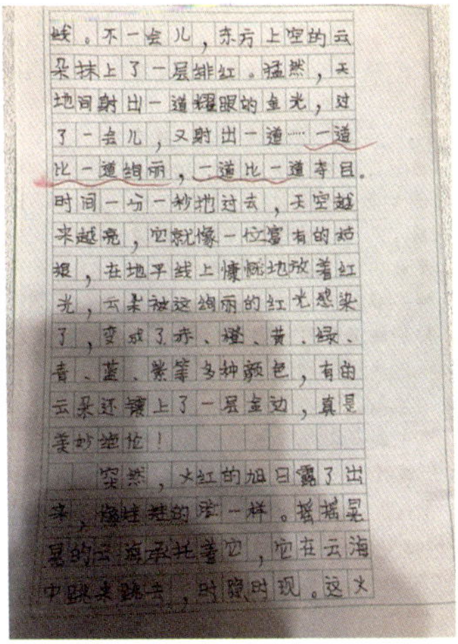

岐。不一会儿，东方上空的云朵抹上了一层绯红。猛然，天地间射出一道耀眼的金光，过了一会儿，又射出一道……一道比一道绚丽，一道比一道夺目。时间一分一秒地过去，天空越来越亮，它就像一位富有的姑娘，在地平线上慷慨地放着红光，云朵被这绚丽的红光感染了，变成了赤、橙、黄、绿、青、蓝、紫等多种颜色，有的云朵还镀上了一层金边，真是美妙绝伦！

突然，火红的旭日露了出来，像娃娃的脸一样。摇摇晃晃的云海承托着它，它在云海中跳来跳去，时隐时现。这火

评委点评

脉络的清晰和语言的细致是写好文章的两个重要条件。从结构上讲，作者分别写出了日出前、日出时、日出后三个画面；开头结尾相互照应，脉络清晰，逻辑缜密。从内容上讲，文章描写细致，画面感强，语言优美，修辞手法运用得当。从立意上看“最美的景致从不是花高价钱购得，它们来自于大自然的反馈”表现出了作者独特的感悟。

树木也有情

北京市北京师范大学朝阳附属学校小学部四年级五班　徐子涵

暑假，爸爸妈妈带我游览了内蒙古克什克腾旗世界地质公园，沿途我看到了草原、沙地、石林、湖泊等各种景观，其中给我印象最深的是那一片神奇、壮观的白音敖包沙地云杉原始林。

那里是世界上唯一的一片沙地云杉原始林。一棵棵沙地云杉高耸入云，形态各异，有的像"四大天王"，有的像"辅国大臣"，还有的像"一家团聚"。树林尽头，一棵树横卧在眼前，仔细一看，其实是两棵树，下面那棵树已经死了，它用腐烂的木质滋养着上面那棵树茁壮成长，就像母亲一样，直到死亡都要一直保护着自己的孩子。我总以为只有我们人类才有感情，看到这两棵生死相依的树，我突然明白：原来树木也有感情。

走出沙地云杉林，一阵风吹过，我下意识地眯起双眼，因为我想到前

天晚上在宾馆附近一阵风起时沙尘漫天的场景。可这次我惊奇地发现并没有刮起沙尘龙卷风。爸爸告诉我，这片土地上的人们世代将沙地云杉视作“神树”，保护着它们，作为回报，沙地云杉也一直像卫士一样守护着这片沙地。原来沙地云杉不仅会保护自己的孩子，还懂得感恩呀。

这次旅行不仅让我认识了一种新的植物——沙地云杉，还让我明白了只要我们保护好大自然，大自然也一定会保护我们人类。

评委点评

思路清晰，选材新颖。同学选择了沙地云杉林这一对象，选材新颖；两棵树的生死相依，亦不脱俗套；感悟的抒发自然。

切题紧密，感悟独到。文章内容紧扣文题，两树的生死相依和人与沙地云杉的相互守护，都紧紧扣住了“树木也有情”这一感悟，中心集中。树木有情这一感悟，新奇而贴切，独到而真挚。

看绿道之美

广东省深圳市鹏兴实验学校六年级七班　王婧；指导老师：杨涛

梧桐山麓，仙湖之畔，我住在树木掩映的鹏兴花园很多年了，闲暇时光，登上梧桐山顶，逛遍仙湖植物园，还有那梧桐绿道，不知有我多少的脚印呢！在深圳这座绿色的城市里，在这罗湖的一角，我早已深深地体会到了生意盎然的自然之美。

走绿道，经常是说走就走，因为近在咫尺。夹道盛开的白花羊蹄甲，灿烂绽放的勒杜鹃，潺潺的溪水，悠闲游走的小鱼，欢快摆尾的小蝌蚪，都是我的最爱。特别是在荔枝花满山遍野开放的时节，有很多养蜂人，虽然住在简易的帐篷里，但是他们却一点都不觉得辛苦。我们可以尝尝他们做的豆腐花，白白嫩嫩，香软滑口，听他们讲述带着蜜蜂们追赶花期的故事，经常会让我的梦里充满了甜甜的花蜜香，与他们一起追逐远方。还有路旁的水果摊，新鲜的杨桃、香蕉、菠萝……边走边吃，真的很享受。

梧桐绿道是依山傍水而建，小道一边是做了护坡的山林，有的护坡壁上画着各色充满趣味的图画，常惹得我驻足观看，另一边沿水种了各种树木花草，争香斗艳，在绿阴道上走路非常的

惬意。我喜欢的是临水而建的栈道，偶尔会遇见钓鱼人，站在那里小钓，我便趴在栏杆上，看鱼儿上钩，又看鱼儿脱钩，钓鱼人不理旁边观众的欢呼与叹息，自顾自盯着水面，怡然自得，仿佛天、地、大自然已与他和谐地融为一体了。我则经常看得津津有味，直到走在前面的爸爸妈妈返程回来，扯着、哄着，我才肯回去。其实最美的是每年的12月底前后，若天气降温，落羽杉红了，绿色的树林中，一大片一大片红色和古铜色的如羽毛般的丛叶非常的艳丽，煞是好看。特别是清丽的雨后，红杉倒映在波光潋滟的水面，远处翠绿的山峦升起袅袅的薄雾，栈道上点点落叶，仿佛一幅绝妙的绿水青山图，亦浓亦淡，充满了诗意。

我热爱我的大深圳，热爱这座美丽的森林城市，美丽需要我们大家的爱护，如老师教导我们的，爱护我们身边的环境，从垃圾不落地、鹏兴更美丽开始！我们从小就要树立爱护环境的意识，如我深圳，正是因为全民的努力，电梯里广告宣传画上所述，“许你一座森林城市”，我们的家园才如此美丽，如此令我骄傲。关注生态，爱护环境，从身边做起，从我们做起！

评委点评

文章虽然没有华丽的辞藻，但是却在朴实中见真情。作者并没有用很多修辞手法，而是从细节入手，通过鱼、溪水、荔枝、养蜂人等景物，构造了一个从容而惬意的氛围；又通过对作者动作、心理的描写，表达了作者对这种氛围的喜爱之情；再到最后因为喜爱所以产生了保护意识。整篇文章内容流畅，逻辑清晰，感情真挚。

走进大自然的春天

黑龙江省牡丹江市平安小学六年级四班　王睿泽

春天来了，和煦的春风吹醒了大地、吹绿了小草、吹红了桃花，荒芜的原野到处生机勃勃。

周末，我和爸爸妈妈来到置地公园，走进大自然，倾听春的脚步，感受春的气息，欣赏春的舞姿。

我们穿过游乐场来到练江河畔，踏上软绵绵的小草，微风吹拂，小草们纷纷摇动身子，睁大好奇的眼睛争先恐后地欣赏这神奇而美妙的世界。忽然，我看见前面有几个小朋友正把一棵小柳树压弯，揪上面发芽的柳条，他们肆无忌惮地摧残着，压得柳树直不起腰。当他们准备压下一棵时，我立马跑了上去，对他们说：“你们不能这样做，它也是一个小小的生命。”他们见我是个女孩，并没有停止的意思。这时，爸爸和妈妈一起劝说他们，他们这才窝蜂似的跑远了。“我们把它立起来吧！”我说，爸爸和妈妈也赞同我的说法。

我们开始了分工，我和爸爸负责找粗点的干树枝，妈妈负责找绳子，不一会儿，我们都带着自己的“战利品”来到小柳树旁边。

我和爸爸先固定树干，妈妈负责绑绳子，就在我们干得不亦乐乎的时候，有几个路过的小朋友也加入了我们的行列，帮忙固定柳树。看着固定好的小柳树又挺直了腰，我们都笑了。

抬头看着旁边“生命在于绿色，绿色依靠你我”的标语，我在深思：生活中其实人人都能做到，比如，放学时不践踏草坪，多种植绿色植物……关爱这些带给我们美好感受的绿色生命，让我们生活的家园天更蓝、水更清、地更绿，那我相信大地妈妈以后肯定不再哭泣。让我们行动起来，用我们的行动让世界焕然一新。

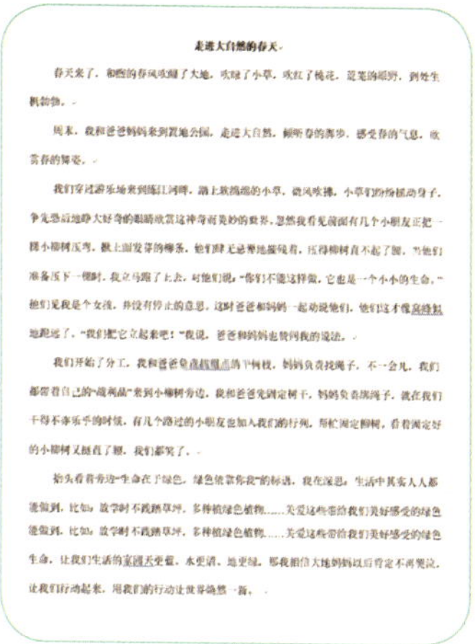

走进大自然的春天

春天来了，和煦的春风吹醒了大地，吹绿了小草，吹红了桃花，[illegible]，到处生机勃勃。

周末，我和爸爸妈妈来到湿地公园，走进大自然，倾听春的脚步，感受春的气息，欣赏春的舞姿。

我们穿过游乐场来到练江河畔，踏上软绵绵的小草，微风吹拂，小草们纷纷摇动身子，争先恐后地睁大好奇的眼睛欣赏这神奇而美妙的世界。忽然我看见前面有几个小朋友正把一棵小柳树压弯，揪上面发芽的柳条，他们肆无忌惮地摇晃着，压得柳树直不起了腰。当他们准备压下一棵时，我立马跑了上去，对他们说：“你们不能这样做，它也是一个小小的生命。”他们见我是个女孩，并没有停止的意思，这时爸爸和妈妈一起劝说他们，他们这才[illegible]地跑远了。“我们把它立起来吧！”我说，爸爸和妈妈也赞同我的说法。

我们开始了分工，我和爸爸负责[illegible]的树枝，妈妈负责找绳子，不一会儿，我们都带着自己的“战利品”来到小柳树旁边，我和爸爸先固定树干，妈妈负责绑绳子，就在我们干得不亦乐乎的时候，有几个路过的小朋友也加入我们的行列，帮忙固定柳树，看着固定好的小柳树又挺直了腰，我们都笑了。

抬头看着旁边“生命在于绿色，绿色依靠你我”的标语，我在深思：生活中其实人人都能做到，比如，放学时不践踏草坪，多种植绿色植物……关爱这些带给我们美好感受的绿色
能做到，比如，放学时不践踏草坪，多种植绿色植物……关爱这些带给我们美好感受的绿色
生命，让我们生活的家园天更蓝，水更清，地更绿，那我相信大地妈妈以后肯定不再哭泣。让我们行动起来，用我们的行动让世界焕然一新。

评委点评

本文结构十分清晰，以排比的形式“吹醒了大地、吹绿了小草、吹红了桃花”开篇写景；中间的叙事十分流畅，人物的语言描写和动作描写突出了小朋友顽皮的特点；最后以排比“天更蓝、水更清、地更绿”和“大地妈妈以后肯定不再哭泣”这种拟人的形式结尾，使主题得到了深化。本文的立意也很深刻，通过散步时保护一棵柳树的小故事，突出了“生命在于绿色，绿色依靠你我”用行动爱护大自然的主旨。

《走进大自然的春天》描写了作者和爸爸妈妈一起拯救小柳树的情景，开头以季节的景致带入，引出全家去公园游玩的事件，衔接自然。拯救小树的经过重点突出，详略得当，内容具体，整个作文的语言通俗易懂，贴近生活实际，读来令人倍感亲切自然。事件的描写又以爱护树木、爱护自然点题，升华了主旨。

乡村小记——我的暑假幸福生活

北京市东城区和平里第四小学三年级三班　韩林佑

今年暑假，怀着激动万分的心情，我和爸爸回到乡下爷爷奶奶家。之前就听爸爸一直念叨，他从小在这里长大，这里的生活充满乐趣。这次我可要抓住机会，好好体验体验。

老家是一座美丽的乡村，靠近溱湖国家湿地公园。它并不富裕，没有高高的大楼，没有宽阔的马路，没有大型的游乐场所，也没有我喜欢的玩具。但是那广阔的田野、茂密的森林、成群的飞鸟、甘甜的空气和纯真质朴的小伙伴，却给了我无穷无尽的乐趣。

走入村中，有一个不大的广场，围绕广场，坐落着一座座整齐的楼房。广场前面是一块块整齐的稻田，稻田的尽头，是一条弯弯的小溪，它绕过大半个村子，汇入溱湖湿地。清澈的溪水不仅给我一片清凉，而且就是在这里，我和我的小伙伴们相识了。

爷爷奶奶家在村子的东边，靠河。家里有个大院子，院子里有一张石桌、几把石凳，旁边有一棵茂密的大树，生机勃勃。一个瓜架上爬满了丝瓜藤，还开了几朵黄色的小花。

院子前面是一个整洁的小菜园，里面种了许多蔬菜，有豇豆、辣椒、黄瓜、韭菜、西红柿等。旁边还有一个用砖块垒好的猪圈，里面的小猪懒洋洋地趴着，有的还发出哼哼的声音。到了晚上，一家人坐在院子里，伴着昆虫的吱吱叫声吃西瓜、聊天、数着星星进入梦乡……

现在，我在我的小房间里写着这篇日记，看着窗外马路上熙熙攘攘的车流，听着震耳欲聋的车笛，我的心又回到了老家的田野上，回到那绿水青山之间。

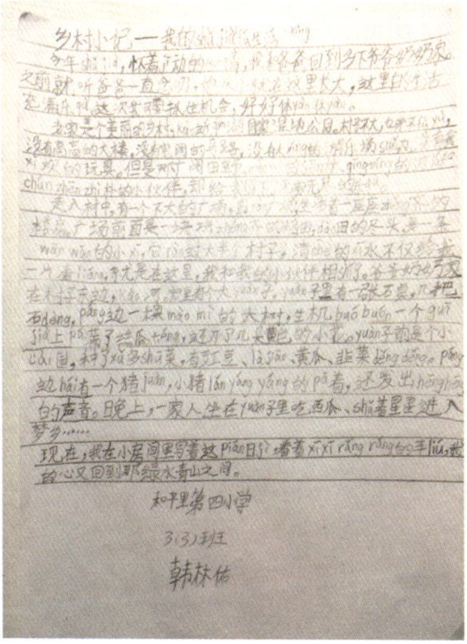
和平里第四小学
3（3）班
韩林佑

评委点评

语言清新，自然流露。同学用清新、质朴的语言叙述了乡村生活温馨宁静的场景，亲切自然，情感真挚。

结尾隽永，耐人寻味。结尾从回忆回归现实，现实中城市喧嚣与回忆中乡村的宁静形成对比，语言简洁而回味无穷。

那一片小树林

广东省深圳市龙园外语实验学校五年级四班　章哲萌

清晨，倾听着鸟儿美妙的歌声，漫步在铺满鹅卵石的小径上，不知不觉，我又来到了充满童年回忆的小树林。

整个树林都被淡淡的白雾笼罩着，枝叶间透过一缕缕光柱。树木从睡梦中慢慢醒来，打着呵欠，伸展着懒腰，在晨风中沙沙地相互问候。路旁各色各样的野花，微笑地迎着风；小草也不甘落后，摆动着那纤细的身体，向我点头。鸟儿在这片绿色的海洋上愉悦地穿梭，丝毫没有疲倦地向

远方飞翔，迎风笑着……一切是那么安宁，那么和谐，没有尘埃，没有烦恼。

我躺在柔软的草地上，不知不觉就睡过去了。

当我醒来的时候，已经是午后了。白雾早已散去，红彤彤的太阳照着这片翠绿的树林，给每一棵树换上了金色的衣裳，格外美丽。树林里的小溪也被照得通红，调皮的风拂过水面，荡起无数的涟漪，仿佛红色的绸带在飘动。鸟儿不知什么时候，纷纷回到了温暖的家，整个树林变得特别的安静。

太阳慢慢落下，拖着红色的长裙恋恋不舍地离开了，连最后一抹霞光也在空中消失。整片树林慢慢地暗了下来，像穿上了黑色的睡衣。静谧的树林，只有沙沙响的叶子，陪伴着小溪不知疲倦地奔向远方。

小树林睡着了。

评委点评

童眼看自然，其实是带着童心去看自然，本篇文章充满了作者童心。拟人的修辞手法在这篇文章中被运用到了极致。从花草树木、鸟儿晨风的景物组合勾勒出了安宁、和谐、没有烦恼的环境氛围。在这种环境里，作者巧妙地用自己的沉睡和小树林的沉睡，将情、景、人融为一体，结尾简短而有深意。

那一片小树林

走进竹山

山东省诸城市府前街小学五年级七班　赵力璇

春天，花儿绽开了笑脸，微风吹拂着脸颊，天空上没有一丝乌云，我们全家一起乘车来到了竹山脚下。抬头一看，这里风光秀丽，空气新鲜，一片绿油油的山，一下子使我精神百倍、心旷神怡。

来到竹山公园，映入眼帘的是一排排低矮而整齐的小树，两旁是高大挺秀、苍翠欲流的松柏。透过树间，我看见一只小鸟停在枝头上梳理着自己那美丽洁白的羽毛，又看见一个花坛里种着各式各样、姹紫嫣红、花团锦簇的花儿，红的、黄的、粉的、紫的……五颜六色，构成了一幅美丽的图画。在那副美丽的图画里，有红艳艳的月季花，有金灿灿的迎春花，有

蓝盈盈的蝴蝶花……真是万紫千红，绚丽多姿，宛如一个个花姑娘！风儿轻轻吹拂着，一股淡淡的芳香扑鼻而来，给竹山公园带来了春天的芬芳。

走进竹林，无数茂盛葱绿的竹子拔地而起，向上伸展着笔直挺拔的身子，它们你靠着我，我挨着你，结为一片竹林。竹叶的数目不计其数，看吧，有些是绿油油的，像涂了绿油漆一样，绿得发亮；有些是金黄的，优雅沉着；还有些是刚刚抽出来的嫩芽，绿得那么鲜艳，那么可爱。那么多的竹叶，一簇堆在另一簇上面，不留一点儿缝隙。风儿一吹，发出“沙，沙，沙……”的声音，像是一首美妙而动听的歌曲，让人听了感觉心旷神怡，仿佛所有的烦恼都抛到了九霄云外！伴随着风儿的节奏，一片片的叶子犹如一只只蝴蝶上下飞舞，那么灵动，那么可爱。密密层层的竹叶把整个竹林封得严严实实，遮住了刺眼的烈日，遮住了湛蓝深远的天空，遮住了我们锐利的视线……进入竹林里面，仿佛来到了一个清凉冰爽的世界。

不知不觉，太阳渐渐西沉，我们依依不舍地回家了。

评委点评

这篇作文写得生动活泼，充满童趣，把一个充满生机的山竹公园呈现在我们眼前。从一进入竹山公园，对春天景象的描绘，到后文对竹林之美的描写，移步换景，给读者一个美的旅程。此外，作者对叠词、成语和修辞的熟练运用，体现出了较高的写作水准。

罗霄山上有大院

湖南长沙市雨花区砂子塘天华寄宿制学校三年级一班　李小栋

8月，夏在远去，默默地，带着一季的烂漫，唱着忧伤的歌……打开窗户，一缕秋的柔光散漫地照射进来，温暖中还带着几丝炎热，好像是夏天留的小礼物。趁着这舒适的天气，我和小伙伴出去玩啰！

我们一路驱车来到炎陵大院，它位于罗霄山脉中段，平均海拔高1350米，总面积83.86平方千米，年平均气温只有12.6摄氏度。我们一下车真像一脚踏入了另一个世界。你们猜猜咋啦？冻死我了。我手忙脚乱地上车拿外套，又急急忙忙地跑过去，真累啊！抬头一看，哇！山上真漂亮。前面

的山嫩绿嫩绿的，灌木边有着一条条人们采茶的足迹，还有那座山上一株株小灌木齐齐地排着队，虽然队形一样，但长相可不一样了：有的像卫兵一样挺立着，有的像弯腰找眼镜的老奶奶，啊！看那个，真像一个扎麻花辫的小女孩拿着棉花糖！嘻嘻，真有趣！

同行的伯伯开口说：“那座满是小灌木的山上长的可都是大院的云锦杜鹃花，云锦杜鹃又名天目杜鹃，是常绿灌木或小乔木。”这时，妈妈拿起了手机就找云锦杜鹃，它长着像小伞一样的花形，一把伞就有六到十二朵花，粉红粉红的，像个脸红彤彤的小女孩，味儿可香了。花期四到五月份。伯伯又说：“它以苍干如松柏，花姿若牡丹而成为《中国高等植物图鉴》中记载的377种杜鹃花中的佼佼者，成为我国特有的珍稀树种。”

在我们左侧的几座山上，还有一个小故事呢。据说是几年前，有台湾同胞来到此地，觉得仙云缭绕，人杰地灵，所以他们就承包了这几座山，想要种小人参——萝卜。因为要开荒，所以把山上的其他植被都砍伐了。但是由于这里是国家级自然保护区，所以后来有叔叔们过来拔了萝卜，让大自然自己慢慢恢复当地的生态系统。

自然在不断演化，人类还在破坏，但是如果我们每一个人都放弃砍伐、捕杀、破坏自然环境，终究又会还给我们一个蓝色的充满生机的地球。

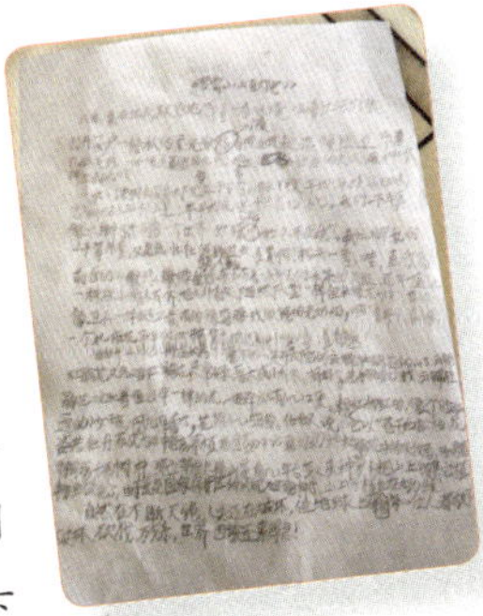

评委点评

本文的突出优点是立意深刻，写出了保护环境的主题。文章别开生面，由写景转入叙事，由叙事转入议论，过渡自然。同时，这篇文章参考了一些资料，用列数字、举例子的方法，给人以冲击力，使人信服。接下来，如果作者能够再进一步地提升语言描写能力，效果就更佳了。

游武功山

江西省南昌市站前路小学四年级三班　李昀霖

江西山清水秀、名山众多，武功山便是以云中草原而闻名天下。

暑假，我和爸爸妈妈自驾来到了武功山。上午天气阴，我们怀着激动的心情登上了武功山，走在栈道上，一边呼吸新鲜的空气，一边欣赏着山间云雾缭绕的美丽景色。走着走着，我们来到了“问道台”，相传葛洪于此向郑隐问道求学，终成为炼丹家和道教丹鼎派的开创者之一。“问道台”修建在一处悬崖边上，周围是栏杆，往下一看全是雾蒙蒙的。一阵风吹过，居然把对面山角的云雾吹开，露出了一小片蓝天映衬着山角一抹淡雅的墨绿色，瞬间又被喷涌而上的云雾覆盖，眼前又是一片白雾茫茫，这美丽的景色令人无比的陶醉。

云雾散去后，站在“问道台”向远处看，仿佛有一个彩带一样的东西在舞动，我迫不及待地奔了过去，一看原来是“许愿桥”。“许愿桥”是一座长约20多米的吊桥，有两根又粗又长的麻绳分别在两岸系着，把两座山连接了起来。人们穿着五颜六色的衣服跟着桥一起晃动，怪不得在远处看像一条彩带在舞动了。

从桥上往下望去，好一幅水墨画！云在天堂般的山间飘着，仿佛一面面薄纱，一会儿遮住这座山，一会儿又遮住另一座山，从山上流下的水

静静地淌着，亦动亦静，让人痴迷。

离登顶还差最后一步，我们坐上缆车来到金顶栈道，山顶又是一番景致——高山草甸、云中草原！高山草甸很美，是武功山的标志性景观。放眼望去，一片绿油油的大草原，仿佛一床大被子盖在山上，和下面的悬崖峭壁相比变得温柔了许多，远处的云像一匹匹白色的骏马在草原上驰骋。

终于到了山顶，往下一瞧，真是会当凌绝顶一览众山小。身边云雾迷茫，泉水滴滴作响，真是又美丽又神奇啊！

时候不早了，我们就下山了。下山的路很难走，让我体会到了上山容易下山难，更被这美丽的景观吸引和震撼着。感谢大自然对我们人类的馈赠，带给我们这么美丽的景色，我们应该好好保护它。

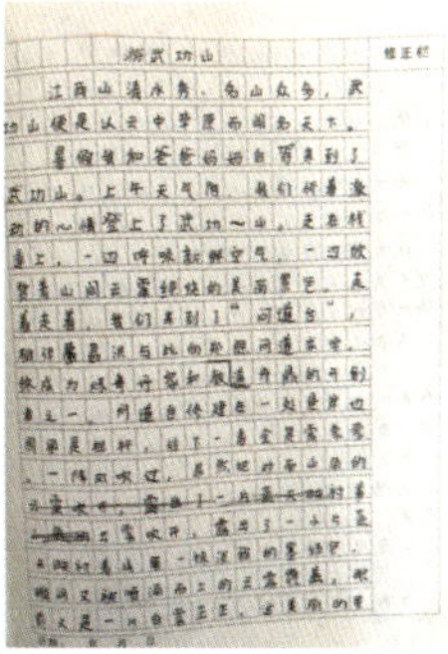
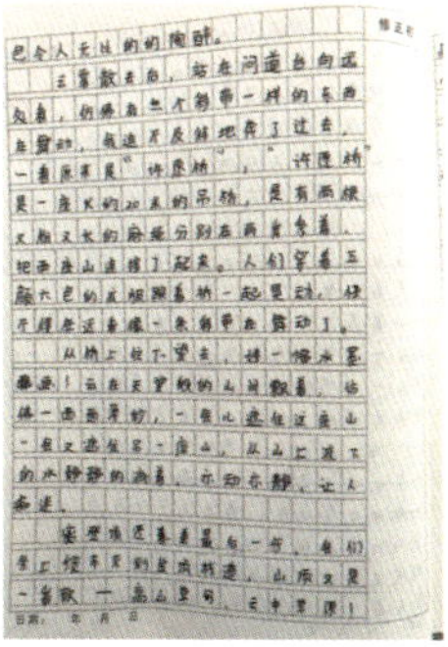
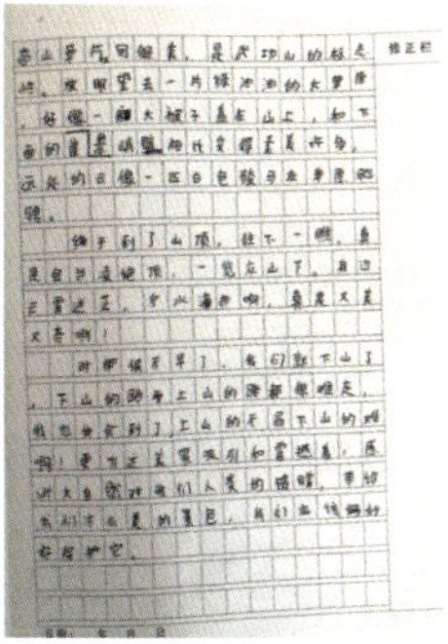

评委点评

本文为大家展现了一个神奇美妙的武功山，这里有神话，有云海，有草原。云海因风而变换，呈现出了动态的美景，这一部分的描写可见功力。文章语言优美、亲切自然，把云中草原写得栩栩如生，令人神往不已。

松鼠皮乐乐的完美假期

重庆市渝北区东和春天实验学校四年级三班　雷景皓

外出避暑的“候鸟模式”正式开启，外公外婆带着我坐动车转汽车三个多小时，来到利川苏马荡。这里的夏天只有30℃左右，气候宜人，有大片大片原始森林，是很多重庆人的避暑圣地。

我们的家在一个叫“香榭春都”的小区角落里，房屋一楼的正面是花园，而背面卧室和厕所紧挨着后山那片葱茏苍翠的松树林。推开窗户，能看见阳光懒洋洋地洒进树林，铺满松叶的地面便多了许多光亮的图画，白云慢悠悠地挂在树梢随风起舞，小鸟和小虫在树丛间叽叽啾啾地闹腾，像一幅斑斓瑰丽的自然油画。

因为要下山赶集，第二天我和外公起了大早，抄森林的近路下山。森林里的空气湿漉清新，外公走在前，我不紧不慢地跟在后面。突然，一个灵巧的小黑影“哧溜”一下窜上了左前方的一个大树！我定睛一看：“呀，松鼠，

是松鼠！”外公也停了下来，说：“真是松鼠，快看，那边还有几只！”我顺着外公手指的方向望过去，果然看见远处还有五六只松鼠在铺满松针的地上“土里刨食”，蹦跶跳跃。因为要赶集，外公催促我赶快走，但一个巧妙的计划已经在我的脑海悄悄生长。

赶集时，我特意要求买松子和瓜子，外公看出了我的心思，说：“你是准备拿去喂松鼠吧？”我不好意思地笑着说：“是。”外公问老板有没有生瓜子，老板说只有晒干未炒的花生，没有生瓜子。见我疑惑的样子，外公解释说，虽然松鼠要吃很多坚果和蔬菜，但更喜欢吃天然的食物，并且天然的食物没有人工加盐，更利于松鼠健康。哈，我那古板严肃的外公懂得真多，么么哒！

有外公的协同作战，计划实施变得容易了。第一天早上六点，我们将买回的生花生和核桃，以及家里翻捣出的苹果、胡萝卜，分成小份放在以前见过松鼠出没的空地上，然后远远地观察松鼠过来捡吃；第二天，将少数食物放在原处，将多数食物向我家的方向移动十来米；第三天，再移动十来米；第四天……到第十天时，终于能透过我家的玻璃窗，清晰地看见它们了！

看松鼠“偷吃”成了假期里每天最让我兴奋的事情。它们一般在早上七点半左右出现，走在前面的常常是一只体型健壮的灰松鼠，因为调皮又快乐，我给它取名叫皮乐乐，另外四只小一点的是它的跟班，有时候是五只。皮乐乐的身体比筷子长一点点，皮毛灰黑色，站立时肚皮有灰白的毛露出来；它的尾巴与身子差不多长，不时地摇摇摆摆。它们在地上蹦跳前进，一般跳四五下就贼溜溜地抬头东张西望，没有危险就开始刨树叶，遇到声响就“哧溜”蹿到树上，或者向着树林深处四散跑开，过一会儿又回来。

皮乐乐最喜欢吃花生。它常常将尾巴当坐垫支撑，后腿半蹲着，双手捧起一颗花生，横着“咔嚓”一口，又竖着“咔嚓嚓”一两口，“吧唧吧唧”几秒钟就吃完一颗。皮乐乐吃东西时，它的小跟班会继续刨树叶找食物，我试过有松子、核桃、开心果、苹果、胡萝卜等，统统都吃。它们偶尔会在食物快要吃完的时候，将剩余的食物塞进嘴里跑掉，嘴巴里鼓鼓囊囊，像一个被打肿脸的胖子。我只见过它们打过一次架，一边打一边“吱吱”乱叫，叫声很短、很尖厉。

皮乐乐和它的小跟班基本会按时出现在我家窗外，但也有例外，比如，有一次是下大雨没能看到；还有一次是很多人从树林里经过，它们跑开后很久没有回来。转眼，快乐的暑假就快要结束，外公告诉我要少喂它们，因为我们都希望明年还能看见它们。

评委点评

描述自然环境准确，有身临其境的感觉；对小动物（松鼠）有爱心，表达小松鼠有动感，从文章中感受到雷景皓小朋友对大自然和小动物的热爱之情。《松鼠皮乐乐的完美假期》一文，作者从小动物的视觉入手，带出老人和孩子体验大自然、热爱大自然的情景，生动有趣，角度独特，比喻贴切，文笔流畅，是一篇可读性强、温暖有力的习作，但限于字数，文章并没有充分描写皮乐乐的生活形态，希望可以在此基础上完成一篇更完整的作品。

相约黄柏塬

黑龙江省牡丹江市立新小学五年级二班　于础宁

曾记得我和你的相约？我已经来了，你在哪？……

黄柏塬的红叶来了，时光就这样晕开在眼底，春天里树把叶慢慢地催着出嫁，在经过盛夏的阳光以及雨水的滋润和狂欢，灌醉了自己亦醉疯绿的叶后，在秋那凉飕飕的风中、雨滴中变黄、变红、变成了嫁衣，秋就这样来了，黄柏塬的红叶也就这样来了。

清晨，推开窗户，一缕缕清新的风儿带着一股淡淡的草香扑了过来，似乎可以把人的灵魂都给唤醒了。阳光像金子一般的灿烂，洒落了一地的金辉，看来今天是个绝佳的好天气，也刚好是个双休日，不由令人就向往着景区。

其实，黄柏塬去过好多次了，但在红叶时还没有去过。在这个瞬息万变的时代，去与不去也是一瞬间的事。车窗外是秋高云淡般的美丽，白云如此悠闲而又自在地飘浮在蔚蓝的天际里，看起来像洁白的羊群，又似团团棉絮，那般的轻盈、那么的温和、那么的美好。

此刻秋意正浓，秋色亦正好，转眼间已来到红沟草甸子了。

天好蓝，黄黄的草地，像金色的海浪在微风下一阵胜是一阵。轻松地坐在软软的草地上，看秋风移动枝头，细数着心间的浪花，享受这空气中洋溢的温暖，心旷神怡。

站在大岭子上似乎置身于秋的海洋、叶的世界，连天上的云朵也亦在天庭里翩翩起舞了，那是人在享受了

城里的现代气息后无法比拟的空旷和神怡，像扫除现实阴霾和心情的沉重后你的心情瞬间得到释放，连巍巍的群山在白云的漂移中都向你点头微笑呢。

你看，太阳正躲在云层后偷偷地窥视着这个美丽的季节，窥视着这美丽的人间仙境——大箭沟呢。偶尔有几束阳光透过云朵照射下来，那阳光是金黄的，在红红的叶片相映下，浑然天成，染就了一色黄黄红红的画案，映照着天色一体，满眼都是红的色彩、红的世界、红的天空、红红的海洋，太美了，太美了。

不时有微风吹来，叶儿翩飞，我的心也跟着叶儿放飞了，情也跟着如诗如画的意境荡漾了。

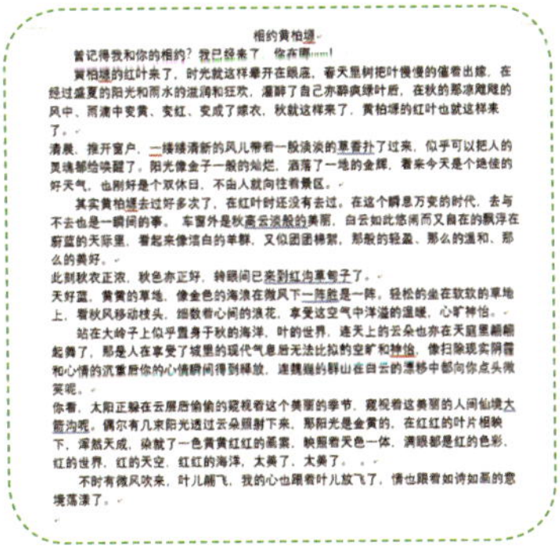
相约黄柏塬

曾记得我和你的相约？我已经来了，你在哪……！

黄柏塬的红叶来了，时光就这样晕开在眼底，春天里树把叶慢慢的催着出嫁，在经过盛夏的阳光和雨水的滋润和狂欢，灌醉了自己亦醉疯绿叶后，在秋的那凉飕飕的风中、雨滴中变黄、变红、变成了嫁衣，秋就这样来了，黄柏塬的红叶也就这样来了。

清晨，推开窗户，一缕缕清新的风儿带着一股淡淡的草香扑了过来，似乎可以把人的灵魂都给唤醒了。阳光像金子一般的灿烂，洒落了一地的金辉，看来今天是个绝佳的好天气，也刚好是个双休日，不由人就向往着景区。

其实黄柏塬去过好多次了，在红叶时还没有去过。在这个瞬息万变的时代，去与不去也是一瞬间的事。车窗外是秋高云淡般的美丽，白云如此悠闲而又自在的飘浮在蔚蓝的天际里，看起来像洁白的羊群，又似团团棉絮，那般的轻盈、那么的温和、那么的美好。

此刻秋农正浓，秋色亦正好，转眼间已来到红沟草甸子了。

天好蓝，黄黄的草地，像金色的海浪在微风下一阵胜是一阵，轻松的坐在软软的草地上，看秋风移动枝头，细数着心间的浪花，享受这空气中洋溢的温暖，心旷神怡。

站在大岭子上似乎置身于秋的海洋，叶的世界，连天上的云朵也亦在天庭里翩翩起舞了，那是人在享受了城里的现代气息后无法比拟的空旷和神怡，像扫除现实阴霾和心情的沉重后你的心情瞬间得到释放，连巍巍的群山在白云的漂移中都向你点头微笑呢。

你看，太阳正躲在云层后偷偷的窥视着这个美丽的季节，窥视着这美丽的人间仙境大箭沟呢。偶尔有几束阳光透过云朵照射下来，那阳光是金黄的，在红红的叶片相映下，浑然天成，染就了一色黄黄红红的画案，映照着天色一体，满眼都是红的色彩、红的世界、红的天空、红红的海洋，太美了，太美了。

不时有微风吹来，叶儿翩飞，我的心也跟着叶儿放飞了，情也跟着如诗如画的意境荡漾了。

评委点评

本文是一篇优美的写景散文。开篇将黄柏塬拟人化，仿佛在说：黄柏塬，我早与你相约，春去夏往秋日醉，红叶传书催我来。小作者又以清晨芳草香，暖阳放金光这样诗情画意的背景铺垫了秋游的诗意气氛。对于黄柏塬的几处景物描写，作者注重上下天地相呼应的空间感，更以蓝天白云衬出了几处景点的特色：红沟草甸子在“天好蓝”之下是“黄黄的、软软的”；大岭子在“天上翩翩起舞的云朵”之下成了“秋的海洋、叶的世界”；大箭沟在“躲在云层后的太阳的窥视”下成了“红的色彩、红的世界、红的天空、红红的海”；在这种美景之下，作者自然“心也跟着叶儿放”，读者自然也被带入其中了。

《相约黄柏塬》重在写景，文笔流畅生动，排比与比喻的运用恰当，给人以美的享受，色彩词的使用也让人仿佛看到真实的画卷，心旷神怡。作者写景的手法高超，语言简练准确，情景自然融合，做到了以景传情、以情寓景。

美丽的辉腾锡勒大草原

广东省深圳市龙园外语实验学校五年级四班　陈佳琪

我自小就有一个梦想，向往一望无际的大草原，美丽的羊群和奔驰的骏马，看草原的日出以及日落，体验草原的篝火晚会。草原是什么样，我自己在脑海中已经勾勒出了它们的图案。春天，冰雪融化，小草飘动着细细的嫩芽，洋溢着无限的生机；夏天，空气清新，一片绿色的花草的海洋，是避暑度假的胜地；秋天，金色的海洋，成熟的野果挂满枝头，散发出沁人心扉的清香；冬天，大雪纷飞，玉树琼装，漫天飞雪，是白色的海洋和世界。

终于，今年的8月，我实现了我的梦想，去到了美丽的辉腾锡勒大草原。从飞机上往下看，地上是绿色的海洋，红色的房子以及点缀的蒙古包，像是草地上的甲壳虫，美丽极了。

一下飞机，我就感受到草原的清新的空气。这时的深圳非常炎热，可我确在这里感受到了丝丝的凉意，空气中带着花香、带着泥土的气息，而不像我们在城市中的空气，带着汽车的尾气。

我也真正感受到了草原的魅力与美丽，一场细雨过后，天显得更蓝了，一望无际的大草原更显得壮观和美丽。地上的小草挂着的雨珠，阳光一照显得特别的晶莹剔透；在山凹远处吃草的白色羊群，远远望去，好像是白云漂浮在山间，又像粒粒的珍珠撒落在草原上。微风吹过，草浪滚滚，形成了一片绿色的海洋，还不时传来歌声和笑声，那是草原的牧民们用愉悦与欢乐告诉我们他们的幸福生活。

我们晚上住的是蒙古包，蒙古包外是 片连一片的草地。夕阳西下的时候，在霞光的辉映下，草原与天连成一片。蒙古包周围的篝火也逐步燃起来，蒙古包里也响起了委婉动听的马头琴，为了欢迎我们远道而来的客人，好客的蒙古朋友杀了羊，在篝火中炙烤，我们也情不自禁地和他们手拉手跳起了舞蹈，虽然我们不太懂，但我们都被他们的热情以及好客所感染，一起度过了欢乐的晚上。夜深了，人们也逐渐散去，环顾四周，蒙古包周边还未燃尽的炭火还不时闪着点点的火星，就像是美丽的辉腾锡勒大草原在舒展她宽大的胸怀，用特有的幽静欢迎我们这些远方的客人。此时，月光下的草原虽然没有了五彩缤纷，却多了一份宁静和神秘，一直延伸在一望无际的草原上的路似乎没有了尽头。这里的夜色最美丽，这里的夜色最迷人，好一个语言无法形容的草原夜色。

这就是美丽的辉腾锡勒大草原，一个让人心旷神怡的大草原。

评委点评

文章从作者的想象开始，从初见内蒙古草原、雨后内蒙古草原、夜晚的内蒙古草原三个画面勾勒出大草原的辽阔和壮丽；又通过描写篝火晚会中演奏马头琴、杀羊款待客人、载歌载舞写出了内蒙古人胸怀宽广，热情好客的性格。情、景、人融为一体，给人身临其境的感觉。

自然生态，美丽陵川

山西省晋城市陵川县城南友谊小学五年级二班　张鑫乐

我的家乡陵川县雄踞太行南端之绝顶，这里有围棋源地棋子山国家森林公园，有云山幻影的王莽岭国家地质公园，有世外桃源以筑路著称于世的锡崖沟，有人间仙境黄围山，有山、水、湖、瀑、林、崖洞、庙融为一体的凤凰欢乐谷等多处生态游览区。家乡的地质风貌不可多得，“四世同堂”“百里云霞”“谷中有谷”“峡中套峡”美不胜收。

暑假期间，我参加了学校组织的“保护生态　体验自然”的游览活动，亲身体验了棋子山国家森林公园和王莽岭国家地质公园的自然风光。

一到王莽岭，讲解员就带我们游览了：石库天书、天授兵书、仙翁撑伞、抚云崖、卧云冈、抚琴台、伟人峰、方知崖、方知亭、散花台、观日台、寒柳、灵芝石、油松、沙棘。王莽岭的云海果然名不虚传，雾、云柔白缥缈，美丽极了，正如诗中写道的：“不登王莽岭，岂识太行山。天下奇峰聚，何须五岳攀。”

接着来到了锡崖沟，我们又参观了锡崖沟中的红岩大峡谷、龙王府、楔状交错层理、瀑布、界桩等。瀑布从上狂泻而下，里面形成了彩虹，壮观极了，

使“世外桃源”的称谓用在这里，一点都不夸张。特别是挂壁公路的壮观奇景使我真正体验到“世外桃源”的人间奇迹和锡崖沟精神。正如诗中写道的“悬崖绝壁天梯路，双手凿开三十秋。赛过愚公真故事，中华奇迹锡崖沟。”

午饭过后，我们走进了棋子山国家森林公园，经参观展馆，观看视频录像，我真切地了解了棋子山，感动不已。现在的棋子山是全县人民多年来艰苦奋斗、苦干巧干、不屈不挠、干群一心、植树造林干出来的，成为了陵川人民值得骄傲的自然生态景观。正如人民作家赵树理的亲笔题诗：“栉风沐雨种油松，日计无多岁计丰。莫道眼前犹似昨，重游过客识英雄。”

今天，我们要倍加珍惜先辈们给我们留下的宝贵财富，从我做起，保护生态，让陵川的山更绿、水更清、天更蓝。

来吧，我的家乡陵川风景如画，山美、水美、人更美，大美古陵，避暑圣地，夏天更迷人。

评委点评

自然生态　美丽陵川

五（2）班　张鑫乐

妙引名言，哲理睿智。同学对诗歌、名言的引用，恰当准确，写出了景色的特点与内涵，亦使哲理的表达自然。

扣题抒写，笔墨含情。同学对王莽岭、锡崖沟、棋子山国家森林公园的描写，抓住其自然、美丽的特点，语言优美，饱含真情。

仙　湖

广东省深圳市鹏兴实验学校六年级四班　陈嘉玲

乘着自行车，我来到了仙湖。这就是仙湖，总是那么清新。我总是在想，仙湖仙湖，里面是住着神仙吧！

风吹过，这是草莓味的，好像还有点粉粉的，微风啊微风，你是不是偷吃了我的跳跳糖？我裹紧了自己的小型书包，蹦蹦跳跳地踏进了草莓地。草莓是红色的，圆圆的太阳好像由衷偏爱它，在上面撒了一层金粉；草莓是甜甜的，好像被蜜糖浸泡过了似的，这是魔法吗？草莓总是那么可爱。

我吃了很多草莓，满嘴都是红红的，有点滑稽。在找洗手池的路上，我们又踏进了化石森林，我看到了一排排高大的巨人，嗯，确实不错，握了握手："你好啊，石头树先生。"抱了抱树："你怎么这么强壮？"嗯，我知道了，你错落有致的条纹是你"久经沙场"的痕迹，你的外表是你顶天立地的象征，你是大英雄，保护着仙湖。

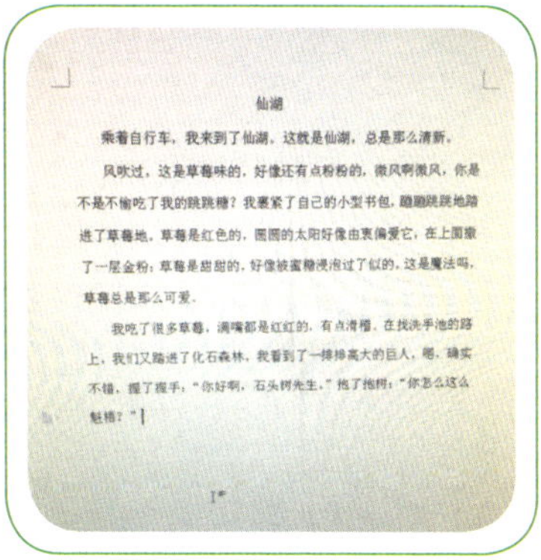

仙湖

乘着自行车，我来到了仙湖，这就是仙湖，总是那么清新。

风吹过，这是草莓味的，好像还有点粉粉的，微风啊微风，你是不是偷吃了我的跳跳糖？我裹紧了自己的小型书包，蹦蹦跳跳地踏进了草莓地，草莓是红色的，圆圆的太阳好像由衷偏爱它，在上面撒了一层金粉；草莓是甜甜的，好像被蜜糖浸泡过了似的，这是魔法吗，草莓总是那么可爱。

我吃了很多草莓，满嘴都是红红的，有点滑稽，在找洗手池的路上，我们又踏进了化石森林，我看到了一排排高大的巨人，嗯，确实不错，握了握手：“你好啊，石头树先生，”抱了抱树：“你怎么这么魅梧？”

捡起一块石头，扔入仙湖，泛起的一阵阵涟漪是我动荡的心房的纹理，清澈的湖水是小鱼的家，是的，这就是“仙湖”啦。走到这里，太阳高照的天空突然下起了小雨，一会儿又停了，我想，是天空在挑水的时候不小心洒了吗？我发现，宛如明镜般的仙湖，喜欢悄悄地把雨滴抱进自己的怀里，而雨滴却总喜欢在水面上舞蹈，这是大自然的蜜语吗？

我原路返回，为何总是流连忘返？路过蝴蝶谷，我把“蝴蝶”的形状描进心里，天空有点泛黄，是着急不想让我走吗？夕阳亲吻着仙湖，是在关怀着茂盛的园子吗？

别担心，我还会再回来，毕竟，仙湖那么清新，我还没有见到里面的仙人呢。

评委点评

语言的生动往往会给文章带来意想不到的效果。全文语言充满童心，大量使用拟人修辞手法，作者与大自然的对话“微风啊微风，你是不是偷吃了我的跳跳糖？”一句让小作者单纯可爱的形象跃然纸上。“宛如明镜般的仙湖，喜欢悄悄地把雨滴抱进自己的怀里，而雨滴却总喜欢在水面上舞蹈，这是大自然的蜜语吗？”一句将湖水、雨滴、观雨人融为一体，简单而不失美丽。

拥抱生命的绿色

青岛市崂山区沙子口小学五年级　孙逸可

暑假期间，我和小伙伴相约来到崂山百雀林游玩儿。一进林子里，我们就被迷住了，树木婆娑，花香鸟语，真是令人心旷神怡。

沿着进村的柏油路，路旁绿油油的小草、五彩缤纷的小花、茂密昂然的树木，让整个林子显得生机勃勃。很快我们就到达民俗村，尤其是百雀林毗邻的由三户人家形成的三家村，有山有水库，有湖有小桥，还有可爱的小动物，山清水秀、人杰地灵，自然风光与传统风俗浑然一体，掩映在绿水青山之间，构成了一幅赏心悦目的风景画。

看着眼前的风景，不由让我联想到刚刚去过的陕西，辽阔的黄土大地，沟壑纵横，也是蔚为壮观，但与民俗村形成强烈对比的是大部分地区除了黄色还是黄色，几乎看不到几棵像样的绿树，在漂亮的窑洞旁，常常是黄沙漫天飞舞，也许是因为刚下过雨的缘故，高速路上方的山体还发生了滑坡，让人看着有点害怕，要是树多林密，应该能避免吧？

通过学习，我知道森林被称为"地球之肺"，有了它们，氧气

更充足，天更蓝水更清，各种生物包括我们人类会更加幸福快乐地生活，那是多么惬意的事啊！

我喜欢绿色，因为它是生命的颜色。就让我们一起加油，来养护更多的绿色植物吧！

评委点评

作者独具匠心，构思巧妙，感情真挚。文章通过将崂山百雀林与陕西黄土高原进行对比，得出了绿色森林对生命至关重要的结论，抒发对大自然之绿的喜爱之情，紧扣题目“拥抱生命的绿色”，是一篇佳作。

童眼里的相山

江苏省南通市姜灶小学六年级六班　杨雨晨

哇！我今天太高兴了！爸爸妈妈要带我去著名的旅游景点——相山游玩啦！

一走进相山风景区，只见四处群山环绕，连绵起伏。山上长满了不知名的树，山下花草遍地，沿着山间小路继续向前走去，我发现了一条三十多米长的大瀑布，"哗哗"的流水声演奏成了一曲快乐的交响曲。站在瀑布前，我有种"飞流直下三千尺，疑似银河落九天"的感觉，让人就像身临世外桃源一般。离瀑布不远，我发现了一泓淡绿色的湖泊，好像一颗巨大的绿宝石，湖的四周长满了绿油油的青草，就像刚被水冲洗过了一番，显得格外翠绿。

湖边的古树一棵接着一棵，有一棵五人都合抱不了，它已有上百年的悠久岁数，身上褪去的树皮是它们历经沧桑的见证。听这里的村民说，这里曾经有条河，许多年前有人家因发洪水而家破人亡，于是村民想了一个好办法，在四周种满大树，从此以后，这里的村子就再也没有发过洪水了。我忽然听到了一

阵谈笑声，闻声走上前去，只见一群妇女在湖岸边洗衣服，欢笑声伴随着波光粼粼的细浪荡漾开去。

我坐在微风习习的湖岸边，呼吸着山间清新的空气，不禁让我浮想联翩：我生活的城市越来越繁华，那里有宽阔的马路，鳞次栉比的高楼大厦，来来往往的轿车……但是，在这个繁华的城市里，一棵棵绿树在倒下，绿色的草坪变得越来越狭小，城市里的最后一点绿茵在风中显得萧条；天空不再湛蓝，变得昏暗无比，空气灰蒙蒙的，人的心烦躁无比；繁星和鸟鸣蛙叫声在消失……

古时候的人们拥有着“采菊东篱下，悠然见南山”的闲适和“独坐幽篁里，弹琴复长箫”的安逸，今天，这是我们对美好生活的向往。让我们在闲暇的日子里，可以隐居于茂密的山林中，沏茶赋诗，弹奏古筝，读万卷书；可以感受“渔家农乐”的惬意；可以定格“环山长跑”的淋漓……

大自然是绿水青山，也是金山银山。今天的相山给了我一种积极向上的态度，给予了我人生更多的情调，愿未来的相山每一个角落都熠熠生辉。

评委点评

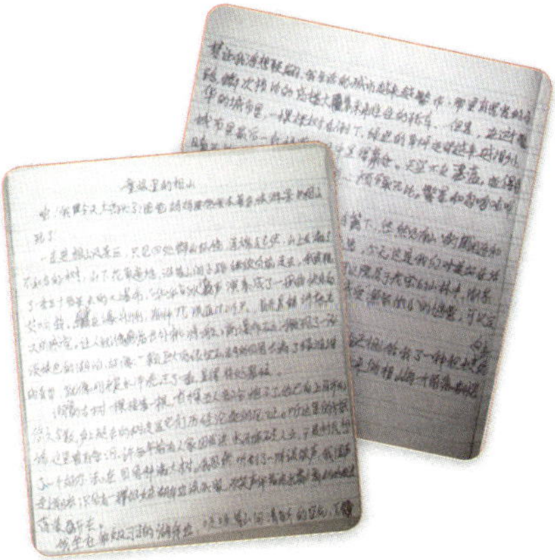

本文题为《童眼里的相山》，笔力所到之处都是童真、童趣、童思，文如其题，非常动人。作者有极高的语言天赋，在对古人田园牧歌式生活的描绘充满诗意，引经据典，用词巧妙，令人神往。同时，文章中透露出对自然生活、对读诗生活的思考，体现出环保的主题，也体现出对现代文明的反思精神，令人惊异于作者的思想深度。

辽阔的大草原

山东省东营市胜利锦华小学四年级三班　周夕荞

我去过许多地方：有奔流的江河、澎湃的大海，有宁静的乡村、繁华的城市……可我最喜欢一个地方——内蒙古大草原。那里空气新鲜，环境优美，是个美丽的巨型氧气室。

那里的空气异常新鲜，让人感到舒服、放松，偶尔还会夹杂着山上野花的微微清香呢！内蒙古大草原最美的风景非朝霞与晚霞莫属了。早晨，粉红的彩霞挂在宝蓝色的天空上，五彩斑斓，让人觉得非常温暖；晚上，晚霞在半山腰处，就像带了一个腰带一样妩媚动人。蒙古包三五成群，上面有着各种各样的花纹，构成了一道美丽的风景线。还有那金黄的草地，一眼望不到边际。草地之中，偶尔开出几朵小花，点缀了大地，愈加美丽！

草地上，一群群悠闲的牛羊安静地吃着美味的草儿。有的躺在地上，像睡着了一样，嘴巴还时不时地咂一咂；有的半卧在草上，大口大口地吃着草；还有的一边走一边吃，看样子有些迫不及待。它们是多么怡然自得，享受着草原之美啊！

我印象最为深刻的事情就是骑马与赶牛。我骑上一匹高头大马，坐在它的背上，立刻感到威风八面、

气定神闲。我双手握紧缰绳，双腿夹紧马肚子，用力向内一蹬，在马蹄的“得，得，得”声中，我和马儿一起小跑起来。我的身体有韵律地上下起伏摇摆，头发随风飞扬，那种英姿飒爽的滋味让我爱上了骑马！而赶牛就是另一种滋味了，十分有趣也很搞笑。我坐在农场主的摩托车后，手拿一根长木杆，找到牛后向左一挥，结果牛儿不听我指挥纷纷向右跑开。我费了九牛二虎之力，最终还是把牛群赶回了营地，成功地完成了任务。

天还是那么湛蓝纯净，草还是那么绿意盎然，我还是那样的开心自在。在这里，我感到从未有过的愉悦。这里就是美丽辽阔的内蒙古大草原，让我记忆深刻的人间天堂！

评委点评

本文是一篇佳作。一佳在写景出彩，将大草原的朝霞之暖与晚霞之艳写得活灵活现；二佳在写事出彩，用一连串的动作描写写出了骑马的动作要领，以及骑马时愉悦的心态；三佳在情感出彩，字里行间透露出作者对内蒙古大草原发自灵魂的热爱。

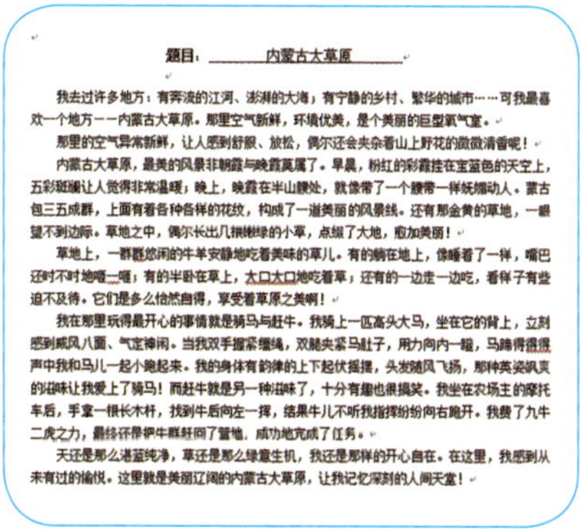

题目：内蒙古大草原

我去过许多地方：有奔流的江河、澎湃的大海，有宁静的乡村、繁华的城市……可我最喜欢一个地方——内蒙古大草原。那里空气新鲜，环境优美，是个美丽的巨型氧气室。

那里的空气异常新鲜，让人感到舒服、放松，偶尔还会夹杂着山上野花的微微清香呢！

内蒙古大草原，最美的风景非朝霞与晚霞莫属了。早晨，粉红的彩霞挂在宝蓝色的天空上，五彩斑斓让人觉得非常温暖；晚上，晚霞在半山腰处，就像带了一个腰带一样妩媚动人。蒙古包三五成群，上面有着各种各样的花纹，构成了一道美丽的风景线。还有那金黄的草地，一眼望不到边际。草地之中，偶尔长出几株嫩绿的小草，点缀了大地，愈加美丽！

草地上，一群群悠闲的牛羊安静地吃着美味的草儿。有的躺在地上，像睡着了一样，嘴巴还时不时地嚼一嚼；有的半卧在草上，大口大口地吃着草；还有的一边走一边吃，看样子有些迫不及待。它们是多么怡然自得，享受着草原之美啊！

我在那里玩得最开心的事情就是骑马与赶牛。我骑上一匹高头大马，坐在它的背上，立刻感到威风八面、气定神闲。当我双手握紧缰绳，双腿夹紧马肚子，用力向内一蹬，马蹄得得得声中我和马儿一起小跑起来。我的身体有韵律的上下起伏摇摆，头发随风飞扬，那种英姿飒爽的滋味让我爱上了骑马！而赶牛就是另一种滋味了，十分有趣也很搞笑。我坐在农场主的摩托车后，手拿一根长木杆，找到牛后向左一挥，结果牛儿不听我指挥纷纷向右跑开。我费了九牛二虎之力，最终还是把牛群赶回了营地，成功地完成了任务。

天还是那么湛蓝纯净，草还是那么绿意生机，我还是那样的开心自在。在这里，我感到从未有过的愉悦。这里就是美丽辽阔的内蒙古大草原，让我记忆深刻的人间天堂！

淇河诗苑——我最喜欢的地方

河南省郑州木子联大外国语小学三年级一班　张恩篪

我的家乡在鹤壁，这里有山有水，是个美丽的地方。小朋友们，你们知道我的家乡为什么叫"鹤壁"吗？相传，卫国第十八代国君，喜欢养鹤，他在宫廷外养了非常多的鹤，所以就有了"鹤栖南山峭壁"之说。是不是很有趣呢？

这里有许多好玩的地方，比如，第一座古军校所在地"云梦山"，还有"浚县古城"和"纣王墓"。

可是，我最喜欢去的地方就要数淇河边的"淇河诗苑"了，我的家离那里很近，假期我和爸爸、妈妈都喜欢去那里散步、游泳。

“淇河诗苑”有三千米那么长呢！我每次走进这里就会有一股花香扑面而来，那些路两旁的柳条像有生命似的，随着风翩翩起舞。

小路两旁的灯柱上啊，走廊上啊，都雕刻着古老的诗歌，一共有三千多首呢！其中有许多都是描写淇河两岸美丽风景的诗。“淇水汤汤，渐车帷裳”“淇水滺滺，桧楫松舟”这些是《诗经》里描写淇水的名句。其中，李白的诗句，我最喜欢，“魏都接燕赵，美女夸芙蓉。淇水流碧玉，舟车日奔冲。青楼夹两岸，万室喧歌钟。天下称豪贵，游此每相逢……”。大诗人王维也在这里留下了名句，他在诗里是这样描写淇河的，“屏居淇水上，东野旷无山。日隐桑柘外，河明闾井间。牧童望村去，猎犬随人还。静者亦何事，荆扉乘昼关。”

我的家乡是不是很有趣呢？

欢迎你来我的家乡做客。我来做你的小导游！

评委点评

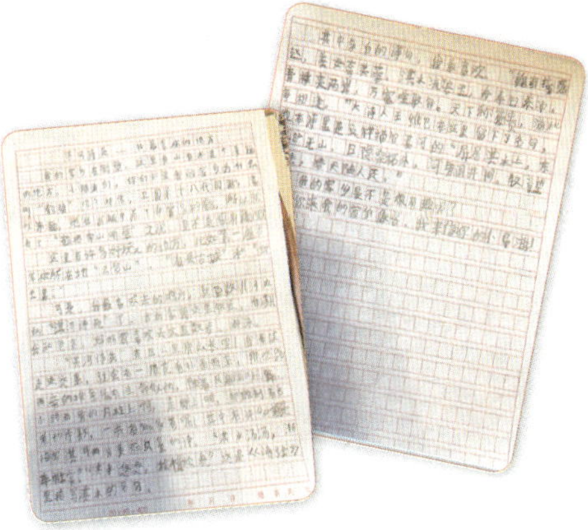

本文巧妙地通过在观察的活动中引经据典，采取一步一景的记叙方式，一边观察一记录，从而在观察中感受到文学和自然融合熏陶。自然因人文而更加美丽，历史因自然景色而得以延续和传承。

优秀感悟奖

雪　景

广东省深圳市龙园外语实验学校六年级　石瑾

它，是北方多见的景色，可在南方却极为罕见；它是纯洁的；它在冬天才会有。你们应该猜到了。对！它就是雪。

去年寒假我回了趟老家——湖南沅江。雪来得真早啊！在深圳，美丽的金秋刚刚向我挥手告别，可一回到老家，却感觉气温骤降，身体瑟瑟发抖。

早晨，我睁开睡眼蒙眬的双眼，一时间，竟不知道发生了什么，过了一阵子才真正地醒了过来。

放眼一看，整个天空阴沉沉的，像抹了一层浓浓的灰烟似的。凛冽的寒风卷着鹅毛大雪，铺天盖地……刹那间，无边无际的大地变成了白雪世界，让人瞠目结舌！

我急忙换好衣服，使劲地推开房门！哇！雪足足有半尺[①]厚，老天爷像变魔术似的把门前的人行道变不见了，让人无从下脚，活活把我给堵在门里了。我费了好大的劲才从门缝里挤出来，感觉天要掉下来了，天空不再像以前那样清澈蔚蓝了，太阳往日那金色的光波也不见了……大地上一片白雪，雪太厚了，没办法踏雪而行。远处，树啊，房子啊，都被厚厚的雪给压住了，看不见一个人影。奶奶在我耳畔急声说：“孙女，快回来吧！别人家可都躲在屋里烤火，谁还敢这时候出来啊！”我只好悻悻地把门关

① 1尺=1/3米。

上了。

一个晚上，我躲在温暖的被窝里，抱着奶奶，听着外面狂风肆虐，心有余悸。慢慢地，我进入了梦乡。第二天天刚亮，奶奶就把我叫醒了，说："孙女，快看！雪停了！"啊！雪停了！雪停了！我迫不及待地推开窗，眼前的一切把我给惊呆了！仰头眯眼向上望，那天空竟像天池的水一样清澈，蔚蓝的天空正中，太阳公公出来了，它把那金色的光波像利剑一样射向大地，白雪被阳光映照成五彩缤纷的了，白得刺眼，花得耀眼。好一个粉妆玉砌、银装素裹的皑皑世界！

双脚踏着雪靴，踩在好像白地毯似的小道上，软绵绵的，"嘎吱嘎吱"作响，好玩极了！路边的树木上压满了雪，树上挂着银条，千姿百态，晶莹夺目，像开满了雪白的梨花。枝头殷红梅花点缀着白雪，使得景色更美了！

路边，有人打雪仗，有人堆雪人，有人滑雪，各式各样的雪上、冰上项目，人们玩得不亦乐乎！

啊！洁白的雪，蔚蓝的天空，金色的太阳，喜悦的人们……这是我可爱家乡独有的一道风景线！

评委点评

写景的文章有真情，关键是在于人与景的互动。本篇文章从初下大雪写起，通过自己看到鹅毛的大雪后的心理描写和动作描写，表现出了孩子内心的惊喜之情；再写雪停之后的美丽景观，表达了作者对大自然的惊叹；最后写众人在雪上玩得不亦乐乎，体现了众人对雪的喜爱之情。文章中奶奶的两次描写更增加了感情厚度，情、景、人融为一体。

我是一片如花似玉的叶子

湖南省岳阳市岳阳楼区朝阳小学184班　李卓远

每个人都有自己朝丝暮想的一片树叶，美术家想一片树叶是画出来的一小份画中的画艺，能让画更美、更耀眼；在作家的眼里，树叶是作文中的主人公，能让作文生动起来；在科学家眼里，树叶是必不可少的一个时尚品。我们要向他们学习这种道德品质。即使你不是科学家、作家，但是他们都给了小朋友们留下了一种高大的背影，所以我们要向他们学习。

春天，百花盛开，把大自然打扮得更加美丽，让我们的岳阳，显得更加的有活力。美丽能让各个国家人民来到岳阳，让他们赞不绝口。我们爱

护大自然，大自然就是我们的家。有了它，我们才会生活得更精彩。春姑娘慢慢地来到人间，因为有阳光，叶儿将吸收外界二氧化碳并放出氧气。叶儿的成长离不开树干，枝茎离开泥土会受伤。

我要大声说，如果爸爸妈妈是一棵树，我就是如花似玉的叶子；如果老师是一棵树，我们58个同学就是一片片树叶。

我愿做一片如花似玉的叶儿。

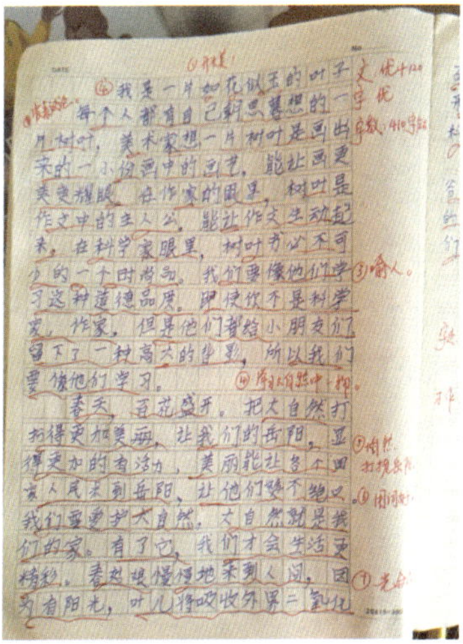

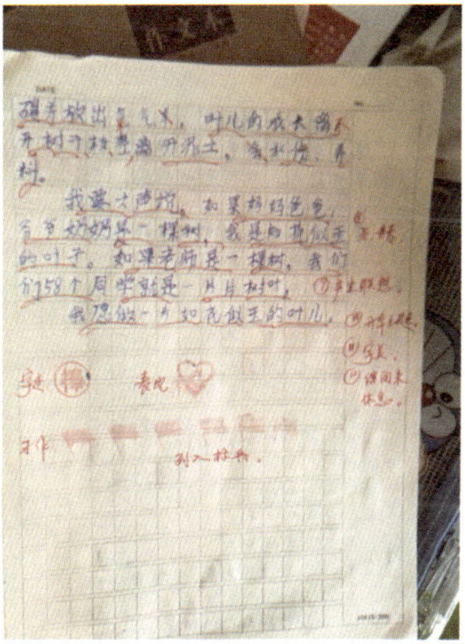

评委点评

通过一片叶子表达出对大自然的热爱和向往，文笔流畅，视角特别，在叶子中探索作者的人生观、世界观和价值观。语言优美，修辞手法运用得当。

我知有盘山

中国教育科学研究院朝阳实验学校四年级八班　郑天霖

中国清朝有个乾隆皇帝说过一句经典的广告词：“早知有盘山，何必下江南。”这句话还真有吸引力呢！但由于它离家太近，我觉得没有旅游的感觉，所以一直没去过，自然也就不知道乾隆皇帝为什么那么说。

今年暑假的一个周末，爸爸妈妈带我去了一趟盘山。没办法，爸爸没时间陪我下江南，只能来盘山。我用了一个多小时就到达了盘山。

虽然盘山挨着城市，但有着和城市完全不同的感觉。盘山是5A景区，既有自然风光又有名胜古迹，山上绿绿的全是树，远远看去毛茸茸的，连绵起伏，一直和云朵相接。深浅不同的绿色间偶尔点缀些黄色、红色的色块，那是山上的寺庙和古建筑。深深吸一口气，感觉全身每一个细胞里都充满了氧气。

说起自然风光，盘山以五峰、八石、三盘而著称。五峰簇立，主峰挂月峰海拔864米，有索道可以直通上去；奇石遍布，天井石、摇动石、悬空石等怪异神奇；因上盘松树奇、中盘岩石怪、下盘流泉冷而天然形成三盘之胜，三盘暮雨名列津门十景之一。

论到名胜古迹，盘山就更厉害了。这里有72座寺庙和1座皇家园林，历代帝王和文人都在这里留下了足迹，那个做广告的乾隆皇帝对盘山更是情有独钟，来过32次！盘山现存完好的224处石刻，一半以上都是他留下的。

盘山虽然没有五岳的名气大，但在京津周边的景区里是数一数二的，也是独一无二的。对我来说更重要的是，这一带的农家院里既有北京山村的特色农家菜和烤虹鳟鱼，也有从天津运来的各种海鲜，还有农民们自己养了来吃的烤全羊！

经过这个周末，我真的不想下江南了！

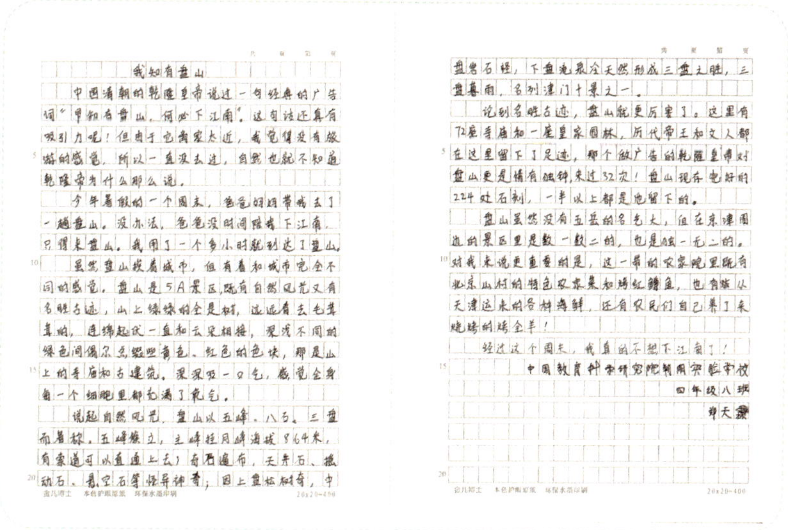

我知有盘山

中国清朝的乾隆皇帝说过一句经典的广告词“早知有盘山，何必下江南”。这句话还真有吸引力呢！但由于它离家太近，我觉得没有旅游的感觉，所以一直没去过，自然也就不知道乾隆帝为什么那么说。

今年暑假的一个周末，爸爸妈妈带我去了一趟盘山。没办法，爸爸没时间陪我下江南，只得来盘山。我用了一个多小时就到达了盘山。

虽然盘山挨着城市，但有着和城市完全不同的感觉。盘山是5A景区，既有自然风光又有名胜古迹，山上绿绿的全是树，远远看去毛茸茸的，连绵起伏一直和云朵相接，深浅不同的绿色间偶尔点缀些黄色、红色的色块，那是山上的寺庙和古建筑。深深吸一口气，感觉全身每一个细胞里都充满了氧气。

说起自然风光，盘山以五峰、八石、三盘而著称。五峰攒立，主峰挂月峰海拔864米，有索道可以直通上去；奇石遍布，天井石、摇动石、悬空石等怪异神奇；因上盘松树奇，中盘岩石怪，下盘泉水天然形成三盘之胜，三盘暮雨，名列津门十景之一。

说到名胜古迹，盘山就更厉害了。这里有72座寺庙和一座皇家园林，历代帝王和文人都在这里留下了足迹，那个做广告的乾隆皇帝对盘山更是情有独钟，来过32次！盘山现存完好的224处石刻，一半以上都是他留下的。

盘山虽然没有五岳的名气大，但在京津周边的景区里是数一数二的，也是独一无二的。对我来说更重要的是，这一带的农家院里既有北京山村的特色农家菜和烤虹鳟鱼，也有从天津运来的各种海鲜，还有农民们自己养了来烧烤的烤全羊！

经过这个周末，我真的不想下江南了！

中国教育科学研究院朝阳实验学校

四年级八班

郑天[illegible]

评委点评

本文作者在观察自然前，查阅了大量的历史资料，真正做到在游玩前的知识补充。孩子从课堂走向自然，并从自然中学习到更多的知识。

京南游记

河北省任丘市第一实验小学三年级一班　郑亚瑄

京南透着绿色，
看，小草穿上绿衣裳，
柳树长出绿长发。

京南泛着红色，
瞧，杜鹃花的红裙子，
桃花枝上的红发夹。

京南映着蓝色，
看，小河戴着蓝面纱，
天空披着蓝外套……

京南处处生机，
听，油菜花丛中蜜蜂"嗡嗡"歌唱，
合欢树上黄鹂鸟那甜美的歌声。

年轻的京南，
我们心情盎然，朝气蓬勃，
斗志昂扬迎接最美春天。

飞跃的京南，
让大美任丘焕然一新，
金光闪闪。

绿水青山，好比金山银山，
大美京南，光明一片，
我爱任丘，我爱京南！

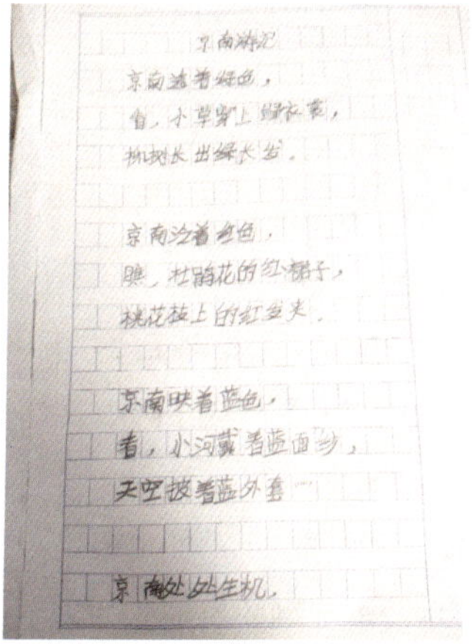

京南游记
京南涂着绿色，
看，小草穿上绿衣裳，
柳树长出绿头发。

京南泛着红色，
瞧，杜鹃花的红裙子，
桃花枝上的红丝夹。

京南映着蓝色，
看，小河戴着蓝面纱，
天空披着蓝外套……

京南处处生机。

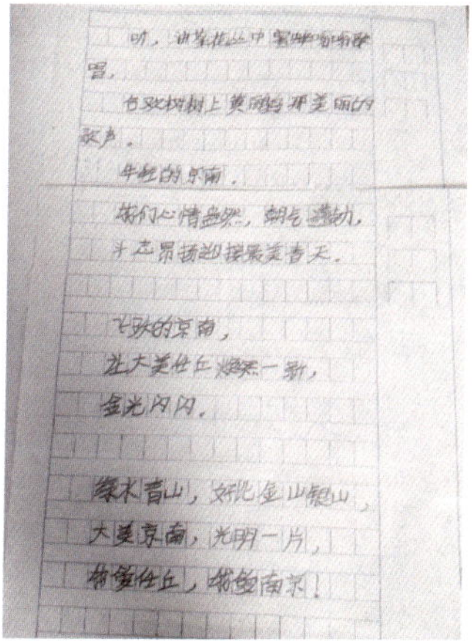

听，[illegible]在丛中[illegible]唱，
[illegible]树上[illegible]美丽的歌声。
年轻的京南，
我们心情愉悦，朝气蓬勃，
斗志昂扬地[illegible]美春天。

飞跃的京南，
让大美任丘焕然一新，
金光闪闪。

绿水青山，好比金山银山，
大美京南，光明一片，
我爱任丘，我爱京南！

评委点评

想象丰富，修辞新奇。郑亚瑄小朋友用排比句表述京南任丘家乡的美景，诗中体现了家乡的优美环境，既表述绿水青山、蓝天白云的任丘风景，又展现出新任丘建设的生机和情趣高昂的任丘人的生活热情，充分表达了作者真实的内心情感。

家乡变奏曲

山东省临沂市东营胜利科技小学五年级二班　栾司成

今年暑假，我随妈妈回到她阔别已久的家乡。这是我第一次回妈妈的老家，以前经常听妈妈讲起她那美丽的家乡，那时她嘴角露出的笑容让我向往不已。

可是，当我们踏上这片土地，看着眼前陌生而又“现代”的村庄时，妈妈说变化太大了，变得她都不认得了。村边清澈的小河不见了，深绿色散发着臭味的河水中漂浮着各种各样的废弃物，我和妈妈想下河捉鱼摸虾的愿望落空了。咦，村后的西湖上哪去了？一座加工厂，高高的烟囱伫立在前方，看来妈妈常说的夏季赏荷、秋季挖藕的美景也成了过眼云烟。村里家家户户都盖起了三层楼，只是屋前屋后大片的大杨树消失了，各种各样的小汽车停满了空地，但是以后人们去哪里乘凉，小孩们去哪里逮萤火虫呢？也许只能躲在空调房里打游戏了吧！没能见到妈妈描述的家乡，我好失望，我多想看看妈妈小时候生活的样子呀，据说小孩们可以躺在树下的凉席上、看着天上的星星听大人们讲故事，听着听着就能睡着！

晚上，我缠着妈妈讲故事，听着听着我就来到了一个美丽迷人的地方。

那里先是满园桃花盛开，花间流淌着清澈的溪水，溪中鱼儿欢快地跳跃着，真正是“桃花流水鳜鱼肥”；人们三五成群，徜徉在这美丽的花海。

一会儿，那里又变成了另一幅美丽的景象，到处荷花盛开，荷香阵阵。碧绿的荷叶衬托着粉红色的荷花，美丽的荷花和荷叶又成为了蜻蜓们天然的停机坪和鱼虾们安全的游戏场所。这诗一样的画面让我禁不住想起了杨万里的《小池》——“小荷才露尖尖角，早有蜻蜓立上头。”

可是，突然我耳边响起了妈妈熟悉的叫早声，原来我做了一个梦。梦中的景色好美呀，我真想把梦里的一切都变成现实。现在习主席提倡注重生态教育，希望大家都能从自我做起，爱护环境，爱护自然，还我们碧水蓝天，还我们青山绿水！我相信，总有一天我会梦想成真的！

评委点评

观察细致，想象丰富。同学抓住小河、西湖、杨树等细节对比了家乡的变化，观察生活，细致用心。写梦中满园桃花、荷花盛开，想象丰富，意蕴悠长。

卒章显志，中心突出。结尾点明保护生态的主旨，发出从我做起的呼吁，主题鲜明。

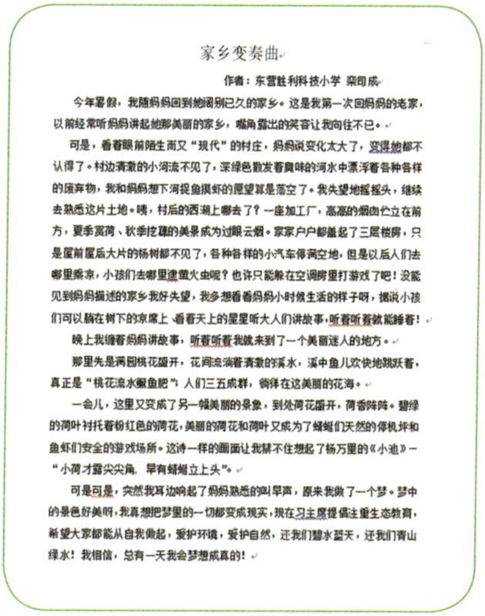

家乡变奏曲

作者：东营胜利科技小学 栾司成

今年暑假，我随妈妈回到她阔别已久的家乡。这是我第一次回妈妈的老家，以前经常听妈妈讲起她那美丽的家乡，嘴角露出的笑容让我向往不已。

可是，看着眼前陌生而又“现代”的村庄，妈妈说变化太大了，变得她都不认得了。村边清澈的小河流不见了，深绿色散发着臭味的河水中漂浮着各种各样的废弃物，我和妈妈想下河捉鱼摸虾的愿望算是落空了。我失望地摇摇头，继续去熟悉这片土地。咦，村后的西湖上哪去了？一座加工厂，高高的烟囱伫立在前方，夏季赏荷、秋季挖藕的美景成为过眼云烟。家家户户都盖起了三层楼房，只是屋前屋后大片的杨树都不见了，各种各样的小汽车停满空地，但是以后人们去哪里乘凉，小孩们去哪里逮萤火虫呢？也许只能躲在空调房里打游戏了吧！没能见到妈妈描述的家乡我好失望，我多想看看妈妈小时候生活的样子呀，据说小孩们可以躺在树下的凉席上，看着天上的星星听大人们讲故事，听着听着就能睡着！

晚上我缠着妈妈讲故事，听着听着我就来到了一个美丽迷人的地方。

那里先是满园桃花盛开，花间流淌着清澈的溪水，溪中鱼儿欢快地跳跃着，真正是“桃花流水鳜鱼肥”；人们三五成群，徜徉在这美丽的花海。

一会儿，这里又变成了另一幅美丽的景象，到处荷花盛开，荷香阵阵。碧绿的荷叶衬托着粉红色的荷花，美丽的荷花和荷叶又成为了蜻蜓们天然的停机坪和鱼虾们安全的游戏场所。这诗一样的画面让我禁不住想起了杨万里的《小池》—“小荷才露尖尖角，早有蜻蜓立上头”。

可是可是，突然我耳边响起了妈妈熟悉的叫早声，原来我做了一个梦。梦中的景色好美呀，我真想把梦里的一切都变成现实，现在习主席提倡注重生态教育，希望大家都能从自我做起，爱护环境，爱护自然，还我们碧水蓝天，还我们青山绿水！我相信，总有一天我会梦想成真的！

仙湖植物园之四季美景

广东省深圳市鹏兴实验学校四年级三班　万静依；指导老师：叶静静

“总赞田园锦绣迷，仙湖韵趣也惊奇。青山无墨千年画，绿水含情万古诗。”今天，就让我带大家来欣赏一下我家的后花园——仙湖植物园的四季美景吧！

“自古春来诗万千，山花烂漫鸟飞旋。层林醉染香浓墨，人间最美四月天。”仙湖植物园的春天，万物复苏，百花吐艳 ，百鸟争鸣。许许多多的小蜜蜂在辛勤劳动，花仙子们个个都忙着展示着自己的美，有红色的，有白色的，有黄色的，有紫色的……五颜六色，五彩缤纷，可漂亮了！沉睡了一个冬天的柳树也慢慢苏醒了，给细细的枝条披上一层嫩绿的新衣；小草们使劲地从土里钻了出来，从远处看湖区的草坪就像一块透绿色的大翡翠。鸟儿也飞上了枝头，叽叽喳喳地叫，好像在给我们演奏着春天交响曲……

“百花吐艳夏初至，又到骄阳似火时。遍野生机如翠锦，邀君共赏画中诗。”仙湖植物园的夏天，骄阳似火，桃红柳绿，湖水清澈见底，有许多游客在这里游玩，有划船的，有钓鱼的，有野餐的，还有拍照的……围绕着仙湖四周的花草树木，红绿交错，就像给湖区戴上了一个漂亮的大花环，美丽极了！

“一夜秋风未觉凉，初阳剪影懒梳妆。镜花水月问谁醒，柳岸新荷映艳阳。”仙湖植物园的秋天，霜露染枫林，道路两旁的树木都穿上了不同颜色的衣裳，枫树红彤彤的，桉树黄澄澄的，还有很多不知道的树木，各色各样，平分秋色。地上的叶子堆积厚厚的，脚踩上去松松软软的，此时，太阳公公从树间的缝隙钻进来，照在身上可舒服了。此情此景，正如杜牧写的：“停车坐爱枫林晚，霜叶红于二月花。”

“信步东篱菊满枝，凌霜风影独开时。琼姿何逊群芳艳，笑傲今冬寒降迟。”仙湖植物园的冬天和北方的冬天不一样，这里没有白茫茫的雪，这里只有温暖的阳光，小动物们都去冬眠了。湖里的水也安静了，鱼儿躲在水里不肯出来了。只有菊园的菊花凌霜傲放，婀娜多姿，有的宛如一个金球，花瓣紧紧包着花蕊，有的层层叠叠，朵朵菊花，繁星点点，连成一片。“天上人间”的草坪上的小伙伴们在嬉戏着、追逐着，吹着泡泡，泡泡在阳光下不停地变换着色彩，五彩缤纷、光彩夺目，每个泡泡就仿佛装着一个五彩的梦，有趣极了……

怎么样，亲爱的小伙伴们，我家的后花园是不是很美？它一年四季都有不同的韵味，欢迎大家常来参观哦！

评委点评

恰当地引用诗词对文章文采的提升非常重要。本文脉络清晰，以时间为线索，写春、夏、秋、冬四季仙湖植物园的美景。依据不同的季节，以引用当季诗词的方式，引出景物，展现了作者的文学底蕴，增加了文章的文采。

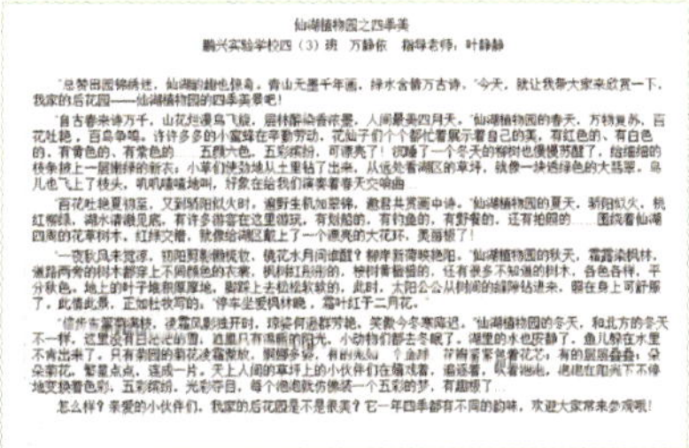

仙湖植物园之四季美

鹏兴实验学校四（3）班　万静依　指导老师：叶静静

“总赞田园锦绣丝，仙湖的趣也独奇。青山无墨千年画，绿水含韵万古诗。”今天，就让我带大家来欣赏一下，我家的后花园——仙湖植物园的四季美景吧！

“自古春来诗万千，山花烂漫鸟飞旋。层林醉染香浓景，人间最美四月天。”仙湖植物园的春天，万物复苏，百花吐艳，百鸟争鸣。许许多多的小蜜蜂在辛勤劳动，花仙子们个个都忙着展示着自己的美，有红色的、有白色的，有黄色的、有紫色的……五颜六色，五彩缤纷，可漂亮了！沉睡了一个冬天的柳树也慢慢苏醒了，给细细的枝条披上一层嫩绿的新衣；小草们使劲地从土里钻了出来，从远处看湖区的草坪，就像一块透绿色的大翡翠，鸟儿也飞上了枝头，叽叽喳喳地叫，好象在给我们演奏着春天交响曲……

“百花吐艳夏初至，又到骄阳似火时。遍野生机如翠锦，邀君共赏画中诗。”仙湖植物园的夏天，骄阳似火，桃红柳绿，湖水清澈见底，有许多游客在这里游玩，有划船的，有钓鱼的，有野餐的，还有拍照的……围绕着仙湖四周的花草树木，红绿交错，就像给湖区戴上了一个漂亮的大花环，美丽极了！

“一夜秋风未觉凉，初阳剪影懒梳妆。镜花水月问谁醒？柳岸新荷映艳阳。”仙湖植物园的秋天，霜露染枫林，道路两旁的树木都穿上不同颜色的衣裳，枫树红彤彤的，桉树黄澄澄的，还有很多不知道的树木，各色各样，平分秋色。地上的叶子堆积厚厚地，脚踩上去松松软软的，此时，太阳公公从树间的缝隙钻进来，照在身上可舒服了。此情此景，正如杜牧写的：“停车坐爱枫林晚，霜叶红于二月花。”

“信步东篱菊满枝，凌霜风影独开时。琼姿何逊群芳艳，笑傲今冬寒降迟。”仙湖植物园的冬天，和北方的冬天不一样，这里没有白茫茫的雪，这里只有温暖的阳光，小动物们都去冬眠了，湖里的水也安静了，鱼儿躲在水里不肯出来了，只有菊园的菊花凌霜傲放，婀娜多姿，有的宛如一个金球，花瓣紧紧包着花蕊；有的层层叠叠；朵朵菊花，繁星点点，连成一片，天上人间的草坪上的小伙伴们在嬉戏着，追逐着，吹着泡泡，泡泡在阳光下不停地变换着色彩，五彩缤纷，光彩夺目，每个泡泡就仿佛装一个五彩的梦，有趣极了……

怎么样？亲爱的小伙伴们，我家的后花园是不是很美？它一年四季都有不同的韵味，欢迎大家常来参观哦！

母亲河需要你我的关怀

黑龙江省牡丹江市平安小学二年级五班　杜东格

今年夏天，我在家里总是洗不上澡，原因是总停水。爸爸告诉我，停水的原因是干旱导致水库的水不够人们使用了。于是我明白了，原来我们吃的水都是来源于水库，是她在供养着全市人民。

古代中国有黄河流过。可以说，如果没有河，这几个地方就不会成为文明古国。水，就是生命之源，就是人类文明的摇篮！

据爸爸讲，他小的时候，河水特别清澈，他经常在小河里捞鱼，有时用瓶子就能捞到鱼。我很羡慕他小时候的生活，经常请求他带我去那里看看，但他一直没有带我去。据说那条小河已经没水了。有水的其他小河，里面也没有鱼了，很臭。后来我才知道，我们国家的一些工厂的水，不经过处理就排进工厂附近的河里，从此水里再也看不到小鱼了，还有许多人乱砍伐树木，使小河沙子越来越多，小河变得越来越小，再也没有了之前的样子。

我梦想着以后能像爸爸小时候一样，在小河边玩耍，不时可以看见鱼儿游过，嘴里还吐着泡泡，好像在说："这里真美呀！我们是多么的自由自在。"风儿吹过，花儿在向我们点头微笑，柳树在河边梳头。

让我们都行动起来，把梦想变成现实，好不好？

评委点评

本文的特色是“以小见大”。小作者从日常生活中的一个小问题——家里总是停水切入，关注到水库的问题，进而关注到水是“人类文明的摇篮”这一重要性；又使用了对比的写作手法，将爸爸幼年时捞鱼的清水河跟我幼时的臭水河形成鲜明的对比，从一个小朋友，从一个“下一代”的视角批评了工厂排污和滥砍滥伐等“上一代”人的罪行。最后，以小作者的“梦想”是“在小河边玩耍、看见鱼儿吐泡泡、感受风吹花笑柳梳头”和一句商量式的问句来号召世人保护我们赖以生存的环境，发人深思，极具现实意义！

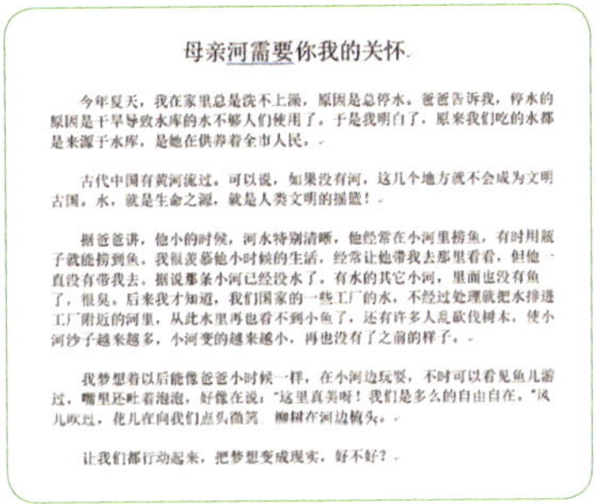
母亲河需要你我的关怀

今年夏天，我在家里总是洗不上澡，原因是总停水。爸爸告诉我，停水的原因是干旱导致水库的水不够人们使用了。于是我明白了，原来我们吃的水都是来源于水库，是她在供养着全市人民。

古代中国有黄河流过。可以说，如果没有河，这几个地方就不会成为文明古国。水，就是生命之源，就是人类文明的摇篮！

据爸爸讲，他小的时候，河水特别清晰，他经常在小河里捞鱼，有时用瓶子就能捞到鱼。我很羡慕他小时候的生活，经常让他带我去那里看看，但他一直没有带我去。据说那条小河已经没水了。有水的其它小河，里面也没有鱼了，很臭。后来我才知道，我们国家的一些工厂的水，不经过处理就把水排进工厂附近的河里，从此水里再也看不到小鱼了，还有许多人乱砍伐树木，使小河沙子越来越多，小河变的越来越小，再也没有了之前的样子。

我梦想着以后能像爸爸小时候一样，在小河边玩耍，不时可以看见鱼儿游过，嘴里还吐着泡泡，好像在说：“这里真美呀！我们是多么的自由自在。”风儿吹过，花儿在向我们点头微笑，柳树在河边梳头。

让我们都行动起来，把梦想变成现实，好不好？

发现仙湖

广东省深圳市鹏兴实验学校六年级四班　惠文皓

今天，因为看了黑鹤写的《我的原始森林笔记》，我也想去仙湖植物园去看看，虽然月亮早已挂在天空上，但这股心情我无法抗拒。

刚刚走进仙湖植物园，我被眼前的场景惊呆了。夜晚的仙湖植物园与白天不同。白天的仙湖植物园，有很多的人，卖水的，散步的，热闹非凡。可是到了晚上，却截然不同——它是宁静的，在宁静中却显得有几分美丽。晚上掉落的叶子像夜的精灵，在美丽的仙湖植物园翩翩起舞，偶尔传来几声蛙叫蝉鸣为它们伴奏，给夜晚增添了无限生机。

夜晚的览胜亭也异常的美丽，亭中央的正上方，壁虎家族正在安静地睡觉，看它们一点动静也没有，一定是在做着美梦吧。

站在亭边极目远眺，外面的风景也甚是美丽。微波粼粼的湖面上，洒满了银光。月亮升得很高，穿过一缕一缕轻纱似的微云。我发现了从未见过的美景。

追随着月光，我来到了湖边。我与天越来越远，但却离月亮越来越近了，湖面上印出月亮的倒影。

我轻轻地把手放入湖中，搅动着月光，湖水冰凉凉的，使我不禁打了一个寒战。湖边只有我和其他几位散步的人在湖边被这景色深深地吸引，这美丽的风景竟然没有人来欣赏！

这就是我对大自然的发现，不是只有白天才可以被人称赞，夜晚也拥有同样的资格。

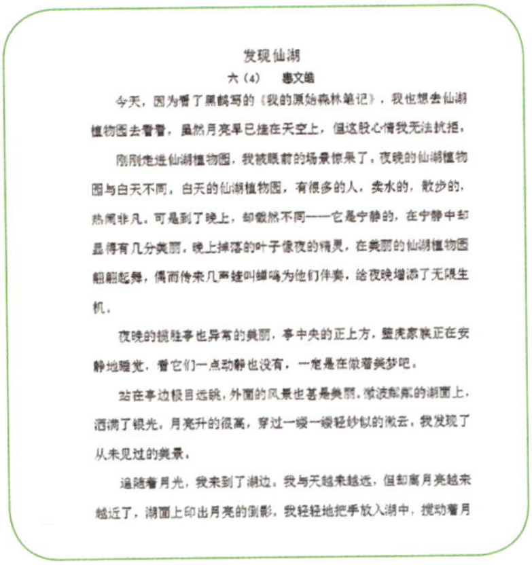

发现仙湖

六（4）　惠文皓

今天，因为看了黑鹤写的《我的原始森林笔记》，我也想去仙湖植物园去看看，虽然月亮早已挂在天空上，但这股心情我无法抗拒，

刚刚走进仙湖植物园，我被眼前的场景惊呆了，夜晚的仙湖植物园与白天不同，白天的仙湖植物园，有很多的人，卖水的，散步的，热闹非凡。可是到了晚上，却截然不同——它是宁静的，在宁静中却显得有几分美丽，晚上掉落的叶子像夜的精灵，在美丽的仙湖植物园翩翩起舞，偶而传来几声蛙叫蝉鸣为他们伴奏，给夜晚增添了无限生机。

夜晚的揽胜亭也异常的美丽，亭中央的正上方，壁虎家族正在安静地睡觉，看它们一点动静也没有，一定是在做着美梦吧。

站在亭边极目远眺，外面的风景也甚是美丽，微波粼粼的湖面上，洒满了银光，月亮升的很高，穿过一缕一缕轻纱似的微云，我发现了从未见过的美景，

追随着月光，我来到了湖边，我与天越来越远，但却离月亮越来越近了，湖面上印出月亮的倒影，我轻轻地把手放入湖中，搅动着月

评委点评

这篇习作最让人惊喜的是小作者有一双善于发现的眼睛，正如文章结尾的点睛之笔“不是只有白天才可以被人称赞，夜晚也拥有同样的资格”，能够静下心来，用不一样的视角进行观察，感知容易被忽视的细节，才能发现真正属于自己的风景。文章立意新颖，视角独特，细节描写生动，为我们展示了一副清丽、宁静而又富有生机的“月夜湖景图”。

我家后花园——马山坡

山东省济南市山东师范大学附属小学雅居园校区三年级一班　苗雨晗

马山坡虽然不大，但是山上花草树木、飞鸟小鱼，一派生机盎然的景象，很是让人喜欢。它紧挨着我的家——雅居园小区，所以我和爸爸妈妈还有小伙伴们经常去山上玩耍。周末，我和爸爸妈妈一起去山上散步，那里空气清新，伴着各种鸟鸣声，可以让人心旷神怡。

暑假的时候，我和小伙伴在家长的陪同下，一起去山上玩耍。我们最喜欢去的地方是山上的小树林，那里绿树成阴，很适合乘凉。我们就把小树林定为我们的秘密基地，只要上山就在小树林集合。有时候我们也会带几本书在小树林里找块僻静的地方，安静地看会书。家长们还夸奖我们说："这才是你们这个年纪该干的事。"

有一次，我在小树林玩耍时看到一只受伤的小麻雀，已经飞不起来了，很是可怜。可看看天气又要下雨了，我就问妈妈怎么才能帮到小鸟，最后在妈妈的建议下决定给小鸟做个小房子。我用小石头、树枝，还有杂草给小鸟做了个小房子，希望它能躲过这次大雨。以后的几天我还从家里带来小米给它吃。几天后，小麻雀不见了，我想它应该是伤好了飞走了吧，但还是有点难过。妈妈说："小麻雀是属于大

自然的，它只有回到大自然才能真正地快乐起来。”我想了想妈妈的话也就不那么难过了。

我喜欢马山坡，我更要爱护它的一草一木，也希望它能青山常在、流水长存，陪我一起长大！

评委点评

扣住经历，描写细节。同学选择了自己与伙伴、妈妈去马山坡玩耍的两次经历，描写在山中阅读、救护小麻雀细节，内容充实，细节动人。

以小见大，主题鲜明。同学以救护小麻雀的小事儿，写出爱护山水、爱护生态的主题，以小见大，构思巧妙。

游东湖

广东省深圳市鹏兴实验学校六年级四班　吴安琪

由南面进入东湖公园，首先来到的是东湖文化广场。广场为西式结构，中央为硬地，边缘两旁为罗马式单柱廊，显得有点气派不凡。

向前眺望，一片绿绿的湖水便马上映入眼帘。东湖的水真清啊，清得可以看见游来游去的小鱼；东湖的水真绿啊，绿得好像一块无瑕的翡翠；东湖的水真美啊，美得令人陶醉！瞧，太阳把自己温暖的阳光轻轻地洒在湖面上，顿时，湖面波光粼粼，好似一块完美无瑕的碧玉泛起无数金光……一阵风吹来，湖面上泛起了鱼鳞，闪闪发光的，真好看！

走过广场，进入园内，就来到了美丽的杜鹃园。满园的杜鹃正争艳怒放，千娇百态的，一簇堆在另一簇上面，几乎不留一点儿缝隙。那分外耀眼的色彩，使人舒心悦目。真绚丽！

游完杜鹃园，就来到了叠水瀑布。那潺潺的流水奏响了大自然的乐章；气势磅礴的叠水瀑布，使你好像进入了"飞流直下三千尺，疑是银河落九天"的意境中。这可是一个值得观赏的一大奇景啊！真壮观！

从叠水瀑布转个弯，一下子就来到了荷花池。一朵朵含苞欲放的荷花仙子亭亭玉立于绿荷之中。接着，又来到了玫瑰园。那鲜艳的玫瑰仿如一位位娇俏美丽的花仙子，迎着灿烂的阳光，正羞答答地展现自己完美的身姿。天鹅岛上，天鹅敛起洁白的翅膀，自由自在地游来游去，在湖面觅食，用自己那扁平的嘴巴梳理着美丽的羽毛；湖边有着一排排正对着湖水梳洗着自己长长的、飘逸的头发的垂柳；湖里，有游人在悠闲地撑着船；湖上，还有一座石孔桥。

这真像一幅美丽的、连绵不断的画卷啊！真令人勾起无限的遐想！简直是人间天堂啊！

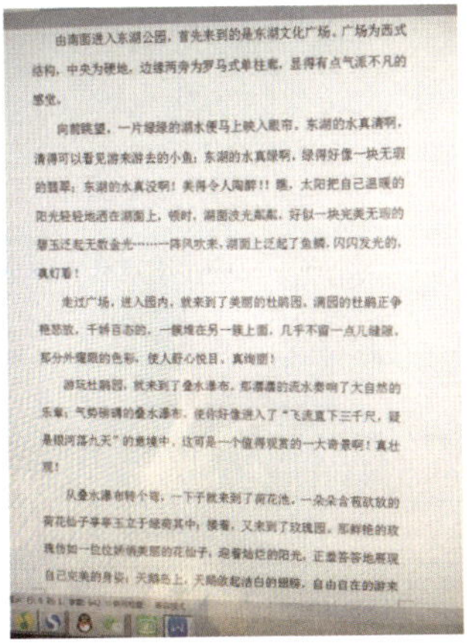

由南面进入东湖公园，首先来到的是东湖文化广场。广场为西式结构，中央为硬地，边缘两旁为罗马式单柱廊，显得有点气派不凡的感觉。

向前眺望，一片绿绿的湖水便马上映入眼帘。东湖的水真清啊，清得可以看见游来游去的小鱼；东湖的水真绿啊，绿得好像一块无瑕的翡翠；东湖的水真没啊！美得令人陶醉！！瞧，太阳把自己温暖的阳光轻轻地洒在湖面上，顿时，湖面波光粼粼，好似一块完美无瑕的碧玉泛起无数金光……一阵风吹来，湖面上泛起了鱼鳞，闪闪发光的，真灯看！

走过广场，进入园内，就来到了美丽的杜鹃园。满园的杜鹃正争艳怒放，千姿百态的，一簇堆在另一簇上面，几乎不留一点儿缝隙，那分外耀眼的色彩，使人舒心悦目，真绚丽！

游玩杜鹃园，就来到了叠水瀑布，那潺潺的流水奏响了大自然的乐章；气势磅礴的叠水瀑布，使你好像进入了“飞流直下三千尺，疑是银河落九天”的意境中，这可是一个值得观赏的一大奇景啊！真壮观！

从叠水瀑布转个弯，一下子就来到了荷花池，一朵朵含苞欲放的荷花仙子亭亭玉立于绿荷其中；接着，又来到了玫瑰园，那鲜艳的玫瑰仿如一位位娇俏美丽的花仙子，迎着灿烂的阳光，正羞答答地展现自己完美的身姿；天鹅岛上，天鹅敛起洁白的翅膀，自由自在的游来

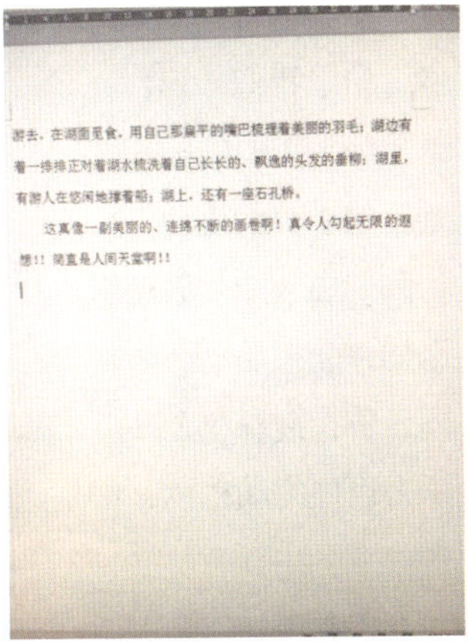

游去，在湖面觅食，用自己那扁平的嘴巴梳理着美丽的羽毛；湖边有着一排排正对着湖水梳洗着自己长长的、飘逸的头发的垂柳；湖里，有游人在悠闲地撑着船；湖上，还有一座石孔桥。

这真像一副美丽的、连绵不断的画卷啊！真令人勾起无限的遐想!! 简直是人间天堂啊!!

评委点评

这篇习作采用移步换景的手法，从广场到湖面，从杜鹃园到叠水瀑布，再到荷花池，作者像一个小导游为我们呈现他（她）眼中的“人间天堂”。文章呈现的每一帧画面都别具特色，一是得益于作者抓住了代表性景物的典型特征，二是由于他（她）善于运用多种表现手法，注重细节描写，视觉和听觉相结合，动态和静态相结合，并且恰当运用比喻、拟人等修辞手法增添了文采，多个画面组成了“一幅美丽的、连绵不断的画卷”。

大自然，我们的母亲

山东省青岛市沙子口小学五年级一班　王洪坤

她，多么神奇，多么美丽。
她，给予我们知识，
给予我们美丽的山川。
她，给予我们生命，
让我们去创造，去感叹。
企鹅，北极熊，
向日葵，迎春花，
千奇百怪的动植物，都是她的杰作。

像女娲一样，
这位慈祥的母亲，也在创作自己的艺术品，
我们的崂山也是她的杰作之一。
还有春姑娘，夏青年，
秋姥姥，冬爷爷，
这四位友好的朋友为我们的生活增添了色彩。
这都是我们母亲的功劳。

我们的母亲赠给我们许多礼物，
千百种药草为人们疗伤止痛，

百万种牲畜为人们服务吃住。
在我们母亲的身上，
发生着许多奇迹，
还有更多的生命等待她去创造，
去养育。

大自然，
我们的母亲，
她无处不在。
有时，
她是一缕微风，
拂过你我的脸庞；
有时，
她是一丝细雨，

滋润你我的手掌；
有时，
她是一道闪电，
告诫着人们要和平相处；
有时，
她是一场龙卷风，
席卷了大地，磨炼着我们。

当我们有难时，
母亲总会伸出援手，
而当母亲有难时，
谁又能去救她呢？

随着环境的恶化，
五彩缤纷在天空中消失，
乌烟瘴气在天空中蔓延，
这时，谁又能去救她？

我们，是我们！
她的子女们，
伙伴们！
让我们一起去向我们的母亲伸出援手！

评委点评

观察敏锐，感受丰富。同学拥有敏锐的观察力，选取的大自然意象内容丰富，特点鲜明；对意象的描写生动鲜活，感受力丰富。

语言优美，结构完整。诗句语言凝练、优美；诗歌内容丰富，结构安排完整。可以看出同学掌握了一定的诗歌创作原理和技巧，非常难得！

神秘的太行洪谷

山西省晋城市沁水县西关小学六年级一班　李昊聪

今天一大早，我还在睡梦中，就被老妈"美丽"的歌喉叫醒，我揉着蒙眬的睡眼被老妈拖进了车里。"老妈，你要绑架你的亲儿子？""嘘，带你去个好地方！""什么地方啊，这么神秘？""去了就知道了。"说着，老妈发动了车子。这一路上我都在脑海中想象这个神秘的地方会是什么样子，充满了好奇。

大约过了半个小时，车子停了下来。我猛然发现自己被带到了密林中的一处空地，周围也停着许多车辆。抬头仰望，哇！这些树木枝繁叶茂，直插云霄。瞧，远处陡坡上的几株冷杉，样子极为奇特，高大而盘曲的主干，稀疏而错落有致的树枝，残雪似的枝叶，与科学家研究的活化石还有几分相似呢。那么多稀奇古怪的树木，真的让我目不暇接，我迫不及待地一棵棵辨识着。

"大家好！欢迎来到沁水

太行洪谷国家森林公园，”一个声音打断了我的思绪，“我是本次的导游，你们可以称我廉叔叔。”一位中年男人正在不远处热情地为小朋友们做着自我介绍。什么？这里真的是国家森林公园？我整个人都懵了，这就是我经常梦见的国家森林公园？难怪有那么多植物我都叫不上名字来呢。

“大家可以从这里开始参观！”廉叔叔站在一棵高大的树木下呼唤着众人。我们好奇地走了过去，都想猜猜这是什么树。“树上挂了个牌子，大家快看！”不知是谁这么喊了一句，把众人的目光转移到了树上。我低头一看，牌子上大大地写了两个字——山杨，下面还有几行小字，简单而全面地介绍了它的科属、分布地区和用途。廉叔叔告诉我们这是最原始的杨树，它的树皮有裂痕，比较粗糙，我们在城市看到的杨树是改良后的品种。哦，在这里我们才能看到杨树的真面貌。

我们继续向深处走去。抗烟尘很强的白蜡树，叶子有着八个角的八角枫，最高可达30米的君迁子，能制药的苦木，甚至还有国家三级重点保护野生植物领春木……各种神秘植物一一出现在我们眼前，真让人大饱眼福！“俗话说，靠山吃山，靠水吃水。这里的老百姓把一些有药用价值的植物摘下来，就比如苦木，能卖不少钱呢！”廉叔叔指着一株苦木介绍着：“这里的植物有些能做药材，还有的可以当零食吃，小朋友们，我考考你们，你们知道松子是什么松树上结的果子吗？”说着，他走到了一棵松树下。大家都沉默不语，廉叔叔接着说：“其实，我们平常吃的松子就是我身后这棵白皮松的果实……”廉叔叔还详细地向我们介绍了白皮松和油松的区别，小朋友们也听得专心致志。我看向这棵松树，它虽然长得很普通，一点也不粗壮，甚至还有点矮小，但它为人们奉献了它的果实，我不禁对它这种无私奉献的精神肃然起敬。

走上几个台阶，我们来到了一个蘑菇形的小亭子，里面平躺着一棵处理过的国槐。听廉叔叔说，这棵三百年的国槐原先生机勃勃，可是被利欲熏心的几个人偷盗卖到了外省，警察依着线索寻了很久又花了很大的代价才让它回归故土。只是森林公园的叔叔们几经努力还是没能挽救回它的生命。听完这棵国槐的曲折经历，我想：大自然赐予了我们这么美丽的生存环境，为什么人类不好好保护它，还要为了一时的眼前利益而破坏它呢？廉叔叔也忍不住叹了一口气。

"哗哗哗——"循着水声，我们不知不觉已然来到了十三潭。扑面而来的，就是大自然的味道——清新湿润。这潭水就像聚在一个一半中空的圆柱石器里，潭子里的水又往下流，便形成了第二个潭子。可是，令我百思不得其解的是第二个潭子的水始终没有变化，那么平静，水不是聚到了这里吗，为什么既不往前流，也不往外溢呢？这时候，一位地理老师出来解释，原来这是著名的喀斯特地貌，水全部都渗入了地下，而我们的地下是可溶性岩石，经过化学溶蚀作用以后，就会形成奇形怪状的溶洞，像云贵地区的石峰石林，还有白云洞等都属于这种地貌。真是太神奇了！原来太行洪谷还有这么多的资源可开发呢，这可真是大自然赐予我们的珍贵礼物。

听廉叔叔讲太行洪谷还有野生动物金钱豹，这说明我们这里的生物链保护得很好，说到这里我不由得为沁水人而骄傲。而神秘的地下暗河仅仅是人能走进去的地方就有八百多米长，里面还有更多神秘的地方等待着我们开发。我不由得想到了孙悟空的花果山、水帘洞。当然，我们今天所见只是冰山一角，太行洪谷正张开双臂迎接着四面八方的客人，等待着你来揭开她神秘的面纱！我相信，这里将来一定会是个世外桃源。

神秘的太行洪谷，我爱你！

评委点评

感情真挚，内容丰盈。同学在游玩的经历中，为读者介绍了山杨、白蜡树、八角枫、君迁子、苦木、国槐等珍稀植物，内容丰富，使得对太行洪谷的喜爱之情充沛真挚。

选材典型，认识深刻。同学选择盗卖国槐这一典型事件，探讨人类与大自然的关系，批评人类为眼前利益而破坏自然的行为，选材典型，认识深刻。

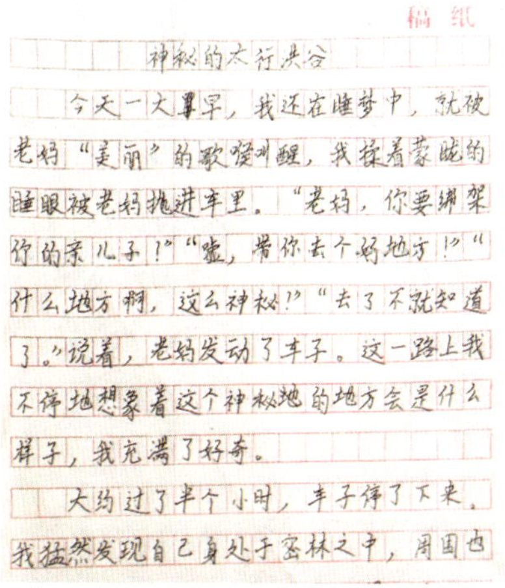
稿纸

神秘的太行洪谷

今天一大早，我还在睡梦中，就被老妈“美丽”的歌声叫醒，我揉着蒙眬的睡眼被老妈拖进车里。“老妈，你要绑架你的亲儿子！”“嘘，带你去个好地方！”“什么地方啊，这么神秘！”“去了不就知道了。”说着，老妈发动了车子。这一路上我不停地想象着这个神秘的地方会是什么样子，我充满了好奇。

大约过了半个小时，车子停了下来。我猛然发现自己身处于密林之中，周围也

绿水青山图不是梦

山东省青岛市沙子口小学六年级三班　宋子璇

“绿水青山就是金山银山。”对习近平主席说的这一番话，我感受颇深。

我姥爷家在景色秀丽的崂山脚下，听妈妈说，她小时候，凉水河的水清澈见底，还有许多虾和鱼。她一放学，就和同学成群结队地到河里嬉戏玩耍，有时，还会捉一些小鱼小虾，运气好的话还能捡到一两只鸭蛋。而且人们还可以在河里洗衣服、洗菜，用河水灌溉庄稼。但现在呢？河水越来越少，也越来越浑浊，也很难见到小鱼小虾的影子了。明明有垃圾箱，

但有些人嫌垃圾箱远，就直接把垃圾扔下河。如果每个人都把垃圾扔到河里，那么地球上将有多少人面临淡水危机？

水是万物之源，它孕育了世间万物，所以我们要珍惜每一滴水。你知道世界上有多少人喝不上干净的水吗？大约有340万人因为饮用了被污染的水而死亡。想象一下如果有一天，地球上的水都被污染了，那么世界万物就会失去生命。

随着科技的迅速发展、生活水平的提高，厂房、楼房逐渐增多，空气污染，工业污水排的越来越多。所以，我们更要节约用水，保护水资源，为了祖国的天更蓝、水更绿，人们能过上幸福的生活，我们要从身边做起，从小事做起。如果我们每个人都能身体力行保护水资源，绿水青山就不再是梦！

青岛崂山是我的家乡，依山傍海，山清水秀，自古就是文人墨客聚集出游的胜地。我们要像古代诗词名人一样用心去敬畏大自然，爱护我们的家乡，不能去破坏自然环境，让祖国的青山绿水像诗词一样永远地流传下去！

评委点评

关注现实，认识深刻。同学从淡水资源的角度来谈保护生态、保护青山绿水，切入角度具体，具有现实意义。

内容需要更充实，过渡需要更自然。同学可以在如何保护水资源、让天更蓝、水更绿上，提出具体建议。结尾段与前文衔接，生硬，需要使用过渡语句使之自然。

庐山见闻

江西省南昌市铁路一小二年级六班　闵思颖

这个假期，爸爸妈妈带我去了庐山。

庐山的风景让我大开眼界。长在悬崖上的劲松，那股坚韧挺拔的意志让人敬佩。从天而降的三叠泉雄伟壮观，正如李白所作："飞流直下三千尺，疑是银河落九天。"花径里面种着五彩缤纷的花朵，漂亮极了！像猪头的山峰叫什么呢？叫猪头峰，也叫险峰，险峰这个名字来自毛主席的一句诗："无限风光在险峰。"站在险峰，整个锦绣谷的风光一览无余，让人不得不感叹大自然的鬼斧神工。

在这些美好的风景里，也有不美好的现象。在路边，随处可见人们丢的垃圾，虽然有环卫工人在捡拾，但还是比不上人们丢弃的速度。如果人们不改变的话，若干年后，这里就是一片穷山恶水了。甚至有人在山上抽烟，真怕万一引起山火，这让人捏了一把汗。美好的环境并不是靠一些人来维护，而是靠大家来维护的。我们的世界要我们来维护，只有大家共同努力才能让世界更美好！

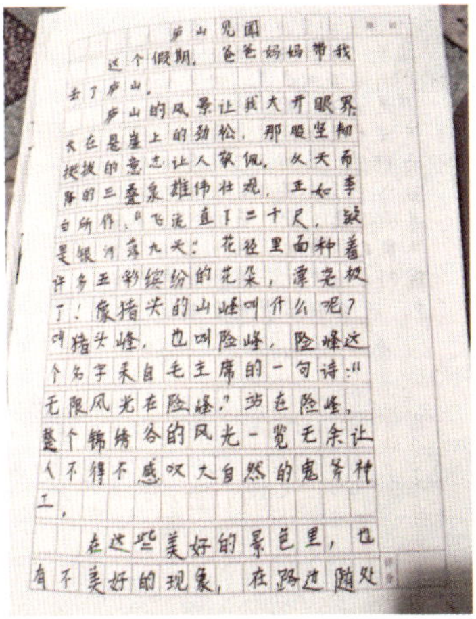
庐山见闻

这个假期，爸爸妈妈带我去了庐山。

庐山的风景让我大开眼界。长在悬崖上的劲松，那股坚韧挺拔的意志让人敬佩。从天而降的三叠泉雄伟壮观，正如李白所作："飞流直下三千尺，疑是银河落九天。"花径里面种着许多五彩缤纷的花朵，漂亮极了！像猪头的山峰叫什么呢？叫猪头峰，也叫险峰，险峰这个名字来自毛主席的一句诗："无限风光在险峰。"站在险峰，整个锦绣谷的风光一览无余，让人不得不感叹大自然的鬼斧神工。

在这些美好的景色里，也有不美好的现象，在路边随处

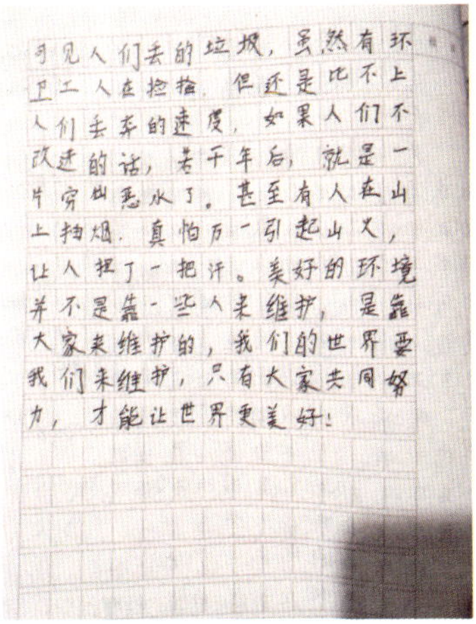
可见人们丢的垃圾，虽然有环卫工人在捡拾，但还是比不上人们丢弃的速度，如果人们不改进的话，若干年后，就是一片穷山恶水了。甚至有人在山上抽烟，真怕万一引起山火，让人捏了一把汗。美好的环境并不是靠一些人来维护，是靠大家来维护的，我们的世界要我们来维护，只有大家共同努力，才能让世界更美好！

评委点评

这篇文章写得质朴流畅，为我们展现了一个令人“大开眼界”的庐山，这里有劲松、三叠泉，还有猪头峰，读来令人印象深刻。引用李白和毛泽东的诗歌，也为文章增色不少。最难能可贵的是，作者在欣赏美景的同时也关注到了在景区发生的不好的事情，发出了真挚的保护环境的呼吁，打动人心。

小树悲喜录

山东省济南市师范大学附属小学雅居园校区三年级　郑皓阳

我是一棵小树。我原本以为自己在一个幸福的世界，听小鸟叽叽喳喳地嬉戏，听泉水叮叮咚咚地歌唱，看着小动物们调皮打闹，过着无忧无虑的生活。

有一天，人们突然拿着锯子、斧头乱砍我们，我的小伙伴陆陆续续地都被砍倒、运走了，只剩下孤零零的我……由于没有小伙伴一起净化空气，锁住山坡的泥土，天空慢慢变灰了，动物们也找不到自己的家了，河水也变得浑浊不堪，山野失去了绿色的外衣。

又有一天，有一群快乐的红领巾，拿着农具和树苗，来到我的身边。我有点害怕，他们要干什么呢？只见他们一点一点地挖开树坑，把青葱的

树苗放到树坑里面，轻轻地埋上了泥土，然后轻柔地给每棵树苗都浇上了水。我看着自己的新伙伴，心里别提有多么的快乐。看到他们向我招手，我万分感慨，终于我又有了新的伙伴，感谢你们——快乐的红领巾！

慢慢地，天空变蓝了，动物们也找到自己的家了，河水变清了，山野也披上了绿色的外衣，我开心极了！

评委点评

《小树悲喜录》以一株小树为第一人称，叙述了树木在成长中遭遇的阳光雨露、美好的岁月和生命的危难，使读者彻底沉浸在树木、森林自身的情景里，读来感触良多，感动亦多。通过拟人化手法描写的经历，投射出大自然被破坏的现实，呼吁人们爱护树木、保护自然，主题鲜明，立意高尚。

沙漠之上，黄河之巅

广东省深圳市鹏兴实验学校四年级一班　谭宗昊

在宁夏银川，有一个美丽的地方，叫沙坡头，在这里，既有着世界闻名的腾格里沙漠，还有着中国第二长的大河——黄河。

来到这里，我就被长长的黄河和一望无际的沙漠所吸引了，远远望去，王维口中那句“大漠孤烟直，长河落日圆”的景象仿佛就历历在目。沙坡头被天然地划分成两个区域，分别为黄河区和沙漠区。黄河区是紧邻着黄河的，在这里，你可以看到黄河的壮丽与宏伟，那波涛汹涌的黄色的波浪，就好像一头怒吼的金毛狮子，奔腾而下。逆流而上，你还可以乘坐神奇的羊皮筏子在水流和缓的河道里，欣赏黄河旖旎的风光，那平静的河面就犹如少女浣纱、西子顾盼一般恬美。

来到沙漠区，金色的沙子形成一个个金色的沙浪迎面而来。一头头骆驼憨态可掬，慢悠悠地走在沙漠上。如果你骑上去，走着走着，你还会发现，它身上的驼铃，自然而然地形成了一支美妙的乐曲。进入沙漠腹地、顶着炎炎烈日抬眼望去，看着那辽阔的沙漠，它就好像怎么都走不到尽头一样，总是给你一种一望无垠、单调的感觉：黄色、黄色，依然是灼热的黄色，仿佛这个世界除了它，就再也没有其他的色彩了，仿佛大自然把一切都给凝固住，再也看不到一丝生机勃勃的景象。就在你神思恍惚间，突然一片骆驼刺伴着一汪清泉猛然间出现在你的视野中，这不起眼的绿色小植物就是那么调皮，会一扫你心头那种荒凉的感觉，绝对让你顿时心旷神怡。

就这样，伴随着这清脆的驼铃声，走在这沙漠之上、黄河之巅，我的心早已自由地像鹰一般飞翔在沙坡头的上空，舒畅极了。瞧，沙坡头就是这样一个让你流连忘返的地方，我爱沙坡头，我爱这大自然赐予我们的大好河山！

评委点评

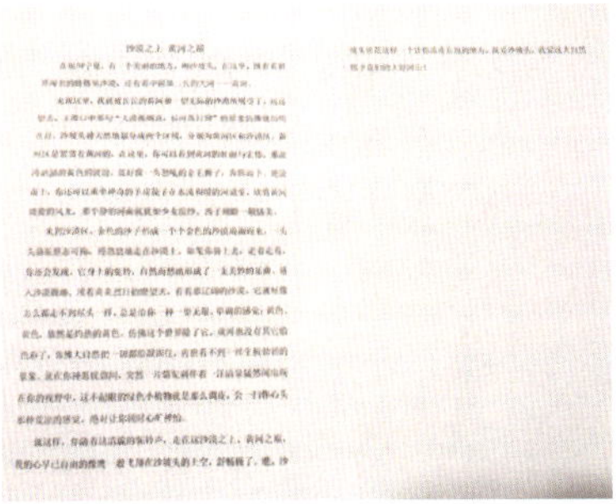

本文写的长河大漠之景颇具特色。作者的游记以行踪为线索铺展开来。黄河的旖旎和恬美只是“入门”之景，沙漠区的那种广博和色彩的单调才震撼人心，写到这里，作者又注重画面的搭配：茫茫大漠一片黄沙，点缀一点生机勃勃的“骆驼刺”，则更显出大漠的苍茫。在这样浩瀚的沙漠面前，一两匹骆驼，一两个我这样的游客，显得那么的渺小。而作者对这茫茫大漠的崇敬，还只是他对祖国大好河山那份热爱之情的冰山一角而已。

感悟自然

山东省青岛市崂山区沙子口小学五年级　孔祥滢

大自然是美丽的，是神奇的，它充满着生机和活力，为人类创造了赖以生存的条件，为我们带来了无穷无尽的财富。我们应该热爱自然，保护自然，感悟大自然的美好。

在一次我们全家去崂山北九水自然景区游玩时，那里的自然风光给我印象深刻，让我深深感悟到大自然的魅力所在。

来到崂山北九水，这里真是青山绿水，绿树成阴，一片生机勃勃的景象。山头一片片的樱桃树结满了红彤彤晶莹剔透的樱桃，摘一颗放到嘴里甜滋滋的，美味极了。郁郁葱葱的大树一棵连一棵，形成了一片片茂密的树林。小鸟在树上搭窝，在树林间快乐地飞翔。树林旁边有清澈见底的小溪，有鱼儿、小蝌蚪在里面自由自在地游来游去。我和妈妈去趟水，鱼儿就在我们脚边嬉戏。抬头仰望，蔚蓝天空飘浮着朵朵白云，还有丝丝微风吹来，带来空气中淡淡的花草的清香，远远望去一座座山峰高低起伏，在淡淡的云雾中时隐时现。这里的美景真是让人心旷神怡，不由得赞叹"这真是人间仙境啊！"

回来的路上我还陶醉在这秀丽的山水之中，"滴—滴—滴"一声声刺耳的汽车鸣笛声把我惊醒。马路上汽车又排起了长龙，汽车的尾气弄得空气中

一片乌烟瘴气，山中那清新的空气没了踪影。茂密的树林不见了，变成了高楼大厦；清澈见底的小溪不见了，变成了浑浊脏污的污水池。天哪，我感觉世界大变样！青山绿水哪去了？美丽的大自然哪去了？我们呼吸不到那么新鲜的空气了，我们的自然被我们破坏了。人类汽车排放的尾气，不良工厂的偷排污水，还有乱砍滥伐树木等破坏自然的行为，导致了自然的变化。

为了我们自己的生存环境更加舒适健康，保护我们的生活家园，我们要保护自然环境。作为小学生的我，更要从自身做起，从小事做起，节约用水用电，珍惜粮食，不乱扔垃圾，不随地吐痰，爱护花草树木等从身边的小事做起爱护自然，保护环境。只要我们时刻坚持这样去做，我相信未来我们的环境会很美好，让我们一起努力创造美好的大自然吧！

评委点评

文章构思巧妙，前半部分写崂山游记，写出了崂山北九水的神奇魅力与青春活力，大自然的魅力尽收眼底；后半部分笔锋一转，转入对城市钢铁景象的描写，“乌烟瘴气”，美感全无。这一美一丑的对比，突出了热爱大自然、保护大自然的主题。作者结尾提到自己作为人类的一分子，要以身作则，从身边的小事做起来创造美好大自然，真情流露，打动人心。

再登梧桐山

广东省深圳市龙园外语实验学校五年级二班　韩运川

夏季的阵雨说来就来，阵雨过后的清晨，远看梧桐山顶云雾袅绕，颇有神秘气息。在那云中雾里似乎有特别的事物在等着我去探究，在强烈的好奇心驱使下，我踏着雨水再次来到了梧桐山脚下。

穿过公园大门，走过一小段公路，来到了泰山涧的入口，踏入溪边小径便看见微微摇晃的树影、听见枝叶在微风中拍打的声音、闻到混合着新鲜草木与泥土的气息。此时，我放慢脚步，跟随着溪水发出的似乎带有节奏的"哗哗"声漫步着；闭上双眼，做一个平缓的深呼吸，我，此刻已经融入这幅美丽的自然风景画……

顺着山势移步换景，不知不觉来到了瀑布跟前，雨后的瀑布水势明显大了许多，冲刷着那高耸直立的石壁后落入瀑布下碧绿的池塘，溅起的水花使池面波光粼粼，扬起的水雾在阳光的透射下似乎出现了一轮小彩虹，此时倚在栏杆边上的我产生了一种幻觉，也许这就是牛郎织女传说中的仙池吧。

攀过一处岩壁，来到葫芦径的岔口，再往前走一小段，发现此处山势平缓，树木高大密集，阳光无法直射到达地面，林中显得幽暗静谧，行走其间心中若带阴郁。不经意间前方出现一片开阔的小草坪，草坪中有红色、蓝色、黄色、白色等不知名的小花，在阳光的直射下透着光芒，此时置身其中，心中泛起莫名喜悦，恍惚是在梦境。

悠悠然，我登上了山顶。环顾四周，东面是连绵的马峦山，南面是海天一色的大鹏湾，西面是高楼林立的繁华都市，北面丘陵湖泊散布其间，整个深圳尽收眼底。此时此刻，身体略显疲惫，心中却豪情万丈。梧桐山，我领略了您的秀美、您的清透、您的雄壮，同时锻炼了自我体能与毅力。在大自然的绿水青山中，我们去探究和发现自然之美。

评委点评

本文是游记中的佳作，作者移步换景，依次描摹，各具特色。第一段交代天气与时间，雨后初晴，云雾缭绕，晨初登高。后面依次有流水潺潺的山涧、波光粼粼的瀑布、幽暗静谧的葫芦径（此段所呈现的氛围颇具古人登览之风，情景交融）、一览众山小的山顶等。全文脉络清晰，语言灵动，典雅蕴藉，实乃佳作。

脑海中的大河

山东省青岛市崂山区沙子口小学四年级　曲睿扬

姥姥家的门前有一条大河，因为上游有一个大水库，每年的大半时间河是干着的，到了夏天降雨多的时节，大河会有水，但是水流也不是很大。

印象中大河附近的居民总是将生活垃圾直接扔进河里，河面上总是有各种颜色的垃圾袋子，到了夏天河里的垃圾发出臭烘烘的味道，引来一大片的苍蝇，很是恶心人。我小的时候家人总是不让我靠近河边，因为很臭。可是不知道什么时候这条大河上的垃圾不见了，河边建起了垃圾回收点，河面上看不到垃圾袋子，也没有了臭气熏天的垃圾，垃圾回收点总是能及时地将垃圾运出，河面上到了夏天长出了茵茵青草，时而还有蝴蝶在草层中飞舞。

前段时间我去姥姥家，姥爷说要到河里给我抓小龙虾吃，我很是惊奇，什么时候有了龙虾？这是以前没有听说过的。老爷告诉我，现在大家都注意保护环境卫生了，水质好了，到了

夏天河里的龙虾就很多，尤其晚上是逮龙虾的好时候。

姥姥家的大河一直萦绕在我的脑海里，她不是臭烘烘的到处都是垃圾的大河，她变成了一个干净温和的港湾，孕育着万物。

评委点评

文章通过描写姥姥家的大河以前和现在迥然不同的面貌，并巧妙地进行对比，揭示出了环境保护的主题，令人沉思。作者语言淳朴自然，“臭烘烘”“茵茵青草”等词的运用充满稚趣。结尾点题，强化主题，首尾连贯。

仙湖幻想曲

广东省深圳市鹏兴实验学校六年级四班　杨佳睿；指导老师：向芬芬

清晨，一声鸟鸣划过了寂静的天空，城市渐渐喧闹起来。在这喧哗的空间中，我发现了一处舒适静谧的地方——仙湖森林。

我和朋友们约好一起去拜访她。仙湖森林里，树公公弯曲着满是褶皱的身躯，弓着腰，向我们问好，几只小燕掠过天空，身姿轻盈而曼妙，一眨眼，便无影无踪。

走进仙湖森林，一直朝里边走，便是我遇上的第一个好朋友——湖！她是南国的少女，她的脸庞水嫩嫩的，过分白的肌肤上，是稍有懵懂青春的羞涩。看啊，薄薄的水面是她柔顺飘洒的长发，轻轻一撩，又从指尖悄悄溜走。湖用"绿裙"镶边，她不介意孩子在裙衣边的嬉皮打闹，也不理会家长们在耳边的唠唠叨叨。即使有人往她身上投掷石块，她依然还是不生气，不抱怨，独自面对这一切纷扰。岁月悠悠，波光明灭，泡沫聚散，她依然如故。这一切显得如此和谐、纯洁。我倚在她的裙边，靠着树，不由得慢慢闭上眼，很安静，风悄悄走过……

走进仙湖森林，桃花园里的每一根树枝、每一片树叶、每一朵桃花，哪个都是我的朋友。桃花的嘴咧得大大的，赤红的面部抹上了一丝笑意，小叶哥哥在底下为自己的桃花妹妹做了一个完美的小凳，更能显出妹妹淘气的可爱。树枝爷爷身上还带着一点点露珠，也许是叶哥哥和花妹妹笑得肚子疼，笑出了眼泪滴到了树枝爷爷身上吧！放眼望去，不止是这一棵桃花树的美貌，放眼山林，成片的桃花园充满着粉嫩粉嫩的色彩，总能让我

不由自主地把自己幻想成一只长着翅膀的独角兽，有着柔软而粉嫩卷曲的鬃毛，头顶有一只长长的尖角，里面也许充满着魔法，穿过这一棵桃树，跳过那一片花朵，找到一处阴凉，收起翅膀，静静地睡在那里，一定很舒服。要是前面再出现一抹彩虹，或是一抹彩霞，说不定真的能美梦成真。天上的云彩仿佛也被桃花灿烂的笑容染成了粉色，每个游人的脸上无疑都挂着粉色的笑容。人面不知何处去，桃花依旧笑春风。

走进仙湖森林，何处不美呢？你看在那美丽的蝴蝶谷里面，那么多蝴蝶，翅膀上都是五彩的花纹，各式各样，没有两只是相同的。有黑的，有白的，有红里透橙的，还有白里透灰的，让你目不暇接，而又不会觉得眼前一片凌乱。你再瞧瞧沙漠植物里面那一撮撮矮墩墩的仙人球，虽然它上面布满了刺，可总是让人不由自主地想去抱一下它，哪怕被针扎疼了。也不知为什么这些小仙人掌好像别有用心，总喜欢在头顶上顶一朵漂亮的花，像给自己戴了一顶可爱的小帽子，就因为这朵花，它们的手举得高高

的，好似骄傲极了。嘘！小声一点！听，是不知名的几只小鸟，在那欢悦地叫呢，不对，是欢悦地唱吧。也许是一段情意绵绵的歌声，小鸟们在诉说着情愁；也许是一阵欢快的律动，鸟儿的朋友们见了面怎么能不高兴呢；也许是一段回忆满满的故事，鸟儿们在回忆共同的往事……仔细听，你总能感受到不同的情感。

忽然间，雷声轰隆，不要慌，也不要忙，是雨精灵要来了。它来得快，也走得快，像昙花一样来得美来得艳，却又毫不犹豫一刻不停地走了。我躲进一个小亭子里，在看着雨下。在小山外，雨变得模糊，它像织成的一张网，缥缥缈缈地洒满了仙湖。掀开帘子再看，雨是一段段银丝，落在那干涸的土地上，悄然地流进土里去。雨很美，雨过之后，世界又会变得很清晰。周边弥漫的全是雨的味道，却又混杂着树木的清香和百花的芬芳，这又是独特的味道。

时间不早了，天空映着黄昏的色彩，我一路哼着小曲，慢慢地走回家，还拖走了一路的夕阳。当我回到家，这夕阳便也神奇般地收了起来，鸟鸣声弱，喧闹的城市渐渐地安静起来，仔细听，你是不是听到了仙湖正在进行夜的交响会……

评委点评

本文写出了仙湖森林的特色。首段开门见山，直奔主题；第二段的内容则需要调整一下，不然与后文的衔接不畅。湖这一段，拟人的修辞手法用得连贯而自然，写出了湖的灵动活泼；仙湖森林这一段则很有层次，先是桃花之美，再是桃花园之美；蝴蝶、仙人球与小鸟这段，虽然景物各具特色，但语言还需精简；雨这一段，则写出了人在雨中的独特感受。纵观全文，若小作者对于行文的思路再作梳理，则能使作品更为出彩！

远方的蓝眼睛

北京市北京外国语大学附属外国语学校四年级　庞芊羽

今年暑假，我和妈妈去自然资源特别丰富的俄罗斯旅行。穿过茂密的原始森林，我们见到了美丽的贝加尔湖。

贝加尔湖很大。她有两个北京市那么大。我们在游船上一眼望不到边，感觉是在看大海。导游说湖里的水够好几亿人喝好几十年。

贝加尔湖很深。她是全世界第一深湖，最深处有1600多米。水越深，湖面越蓝。

贝加尔湖水很清。站在湖边，你能清楚地看见湖里光滑的鹅卵石和自由自在的小鱼。

贝加尔湖很蓝。她比天空还要蓝。阳光下，湖面波光粼粼，仿佛天空给这颗巨大的蓝宝石上洒了一把钻石，耀眼无比。

贝加尔湖水很甜。船长从湖里打上来一桶水，喝上一杯，真清甜啊，冰冰的、凉凉的，甜丝丝，好像雪花融化在我加了冰糖的杯子里。

贝加尔湖很安静。白天，她是平静的蓝衣仙子。夜晚，山鸟在岸边的白桦林中咕咕叫，仙子就像睡着了一样安静。

贝加尔湖真美呀。妈妈说她是俄罗斯清澈而又深邃的蓝色明眸。当年那个在这里牧羊的苏武是因为她太美丽而不愿离开的吗？可是为什么我有点难过呢？为什么这么美丽的湖泊被我们弄丢了呢？以后，我们再也不能失去任何地方了。

远方的蓝眼睛，虽然你不再属于我们，但我们会更珍惜祖国的每一寸土地每一滴水，守护好我们自己的大自然。

希望你一直这么美丽！也祝愿地球永远美丽！

评委点评

《远方的蓝眼睛》向我们呈现了中国古代的“北海”——贝加尔湖优美迷人的自然风光，文章景色描写的手法娴熟，排比句瑰丽动人，真正令读者穿过纸背感受到欧亚大陆最大的淡水湖的波澜壮阔。“远方的蓝眼睛”的比喻也十分贴合主题，构思巧妙。

水上森林

广东省深圳市龙园外语实验学校五年级二班　廖霞琳

暑假，我们一家去了贵州旅游。最令我难忘的一个景点是“水上森林”。

青水淙淙流淌，反射绿色阳光。

林中尽寻野趣，令人流连忘返。

如果一定要我用几句话来形容水上森林，那就是这几句了。水上森林，顾名思义，就是水上面的森林。水中有石，石上有树，树植水底，水、石、树相依相偎，令人叹为观止。

它的水，不说奇特吧，一定会让你心醉神迷——时而湍急，时而平缓；时而安静，时而奔腾；时而低吟浅唱，时而引吭高歌。还有更有趣的：它的水，因为会大量吸收阳光中的白光和绿光，所以它是乳白色的，又是碧绿碧绿的。林中高坡低谷，有十几处瀑布，飞瀑之处如水沸腾，生命不息，水流不止；平缓之处则让人觉得幽暗静谧，漫步其中心旷神怡。

水上森林分为上、中、下三段。初入森林，林溪穿插，浅浅的小溪里分布着不规则的石头，那是水上之路。我兴冲冲地套上防水鞋套，跟在大人后面踏上水上之路，深一脚浅一脚地走着。风景如画，人在画中，四周全是珍奇林木，阳光隐隐约约地透射进来，脚下的水从石头缝里流淌而过，很有意思。

中段是水上森林的精华部分，水流越来越急。八月的贵州是多雨的季节，水位上涨，我们一行不管是套着鞋套的还是裸鞋上阵的土豪队友，到了此处，鞋子都无一幸免地湿掉了。因为水流太急，石头湿滑甚至几乎被水淹没，所以走起来很危险，一不小心就会滑倒。同行的叔叔们和大哥哥们都特别绅士，他们排成一列，把老弱妇孺一个一个搭过去。激流之后，突然又平缓下来，刚才“哗啦啦”的水流声戛然而止。墨绿色枝叶垂到水面上，微风吹过，偶尔动一两下，荡出一两道波纹。

到了下段，我们看到了一处小瀑布，其实应该说潭更恰当一点。这儿地段开阔，阳光普照，我望着它出了神：如果能跳下去洗个澡该多舒服啊！脑海里顿时勾勒出一幅图画：清凉爽滑的水将我的身体包裹起来，我和小伙伴们嬉戏玩闹……正想得入神，突然一只大手紧抓着我往回拽，我抬头一看是爸爸，低头一看：啊？是小断崖呢！我差点真的下去洗澡了。

走着走着，导游不见了踪影，不知是导游掉队了还是我们掉队了，我走在零零散散的队伍前面，倒像个小导游。我心想，如果我是导游，我会引导刚才那个小女孩，告诉她这里的水为什么美得让人想跳下去洗澡。正是因为每个来到水上森林的游客都懂得敬畏自然，爱护环境，所以这里才像世外桃源一样一直这么美好！

评委点评

本文结构清晰，还充满了小作者创作的光辉。开篇自己写的小诗就独具匠心。对于什么是“水上森林”，小作者也给出了明晰的解释，可见对于写作对象的思考之深。作者写的水，色泽、形态、动静都恰到好处。作者写林，由上到下，各有千秋：上段的小石流水、中段的激流勇进、下段的戏水臆想，层层深入，引人入胜。正所谓“可远观不可亵玩焉”，小作者深知此理，要敬畏自然，爱护环境，越是美丽的景色，则越是要爱护，留于后来的游人，全文至此，立意主旨，则更上一层楼！妙哉！

水上森林

优秀观察奖

我眼中的自然

山东省青岛市沙子口小学五年级一班　王英姿

每一颗小草，
都在清晨流下晶莹的泪珠；
每一片云彩，
都在傍晚披上彩色的纱衣；
每一棵大树，
都在风中抖落一身的尘土；
每一只黄鹂鸟，
都在树枝上唱一首动人心弦的歌。

夜空中的小眼睛们，
都爱玩捉迷藏；
群峰中的演奏家们，
都爱弹一曲《流水》。

请问：
那山峦巨石伫立，是谁的刀锋下的杰作？
那长河滚滚而流，是谁的绸带在飘动？
那神鬼志异传说，是谁的荒唐一场？

大自然是很浪漫的：
它让微风吹起少女耳畔的软发，
它让清溪沾湿幼童胖乎乎的脚丫，
它让皓月染白院子里的秋菊，
它让桂花熏香了恋人的衣襟。

大自然是很懂事的：
它为登高的游人捧上清冽的泉水，
它为烈日下的黄发垂髫盖起浓阴，
它为浅眠的人儿带来宁静的夜晚，
它为麦田洒下温暖的阳光。

如果你问我，
大自然何处最美？
我想：
那大概是那春风拂面，杏雨梨云；
是那忽暗忽明的萤火虫；
是那枫林中的片片红云；
是那傲雪凌霜的冬梅。

大自然有千种变化万种可能，
而我只有一种爱它的态度。

评委点评

想象丰富，修辞新奇。同学对小草、云彩、星星、流水的想象，合理而新奇；使用的比喻修辞，新颖独特，让人过目不忘，是非常优秀的诗歌语言。

层层深入，结构精巧。诗歌从对小草、云彩等具体意象、场景的描写，逐步进入到山峦、长河、传说等较为抽象的意象描写；所抒发的情感也由纯粹对自然的欣赏逐步深入到人与自然的和谐一体，层层深入，结构精巧！

大 海

广东省深圳市龙园外语实验学校六年级一班　吴星昱；指导老师：张玲

大海是一曲动人的歌，回响在我耳畔；大海是一幅美丽的画卷，印在我心中；大海是一首抒情的诗，时时刻刻浮现在我的眼前。

早晨，一轮红日从东方冉冉升起，照亮了大海，将黑暗驱逐。白云洁白的身影，让碧空如洗的天空更加美丽。海鸟一群群地飞起来，伴随着清脆的鸣叫，渔民也开始驾着渔船出海捕鱼了。海水"哗哗"地涌上海滩，溅起的浪花在太阳的照耀下闪闪发光，宛如一颗颗璀璨的宝石，掉落在这美丽迷人的海洋里。

下午三点，涨潮开始了，大海变成了另一副模样。它变得像一个无边无际的战场，海浪像脱缰的野马驮着无所畏惧的战士，举着长矛，冲向礁石，向礁石进攻。礁石傲然地站在原位，向海浪投以轻蔑的一瞥。一下又一下，一次又一次，海浪终于从礁石头上跨了过去，礁石也低下了自己高傲的头。

夜幕降临了，大海也疲惫了，静了下来，银盘似的月亮露出了笑脸，星星也将眼睛睁开，眨巴眨巴的。海岸上灯火通明，盏盏明灯照亮了大海，把大海变成了一块闪闪发光的镜子。沙滩上不时传来孩童嬉戏玩耍的声音，洋溢着快乐与美好。阵阵微风袭来，令人心旷神怡。

啊，大海，我爱你，我愿化作一滴水，在你

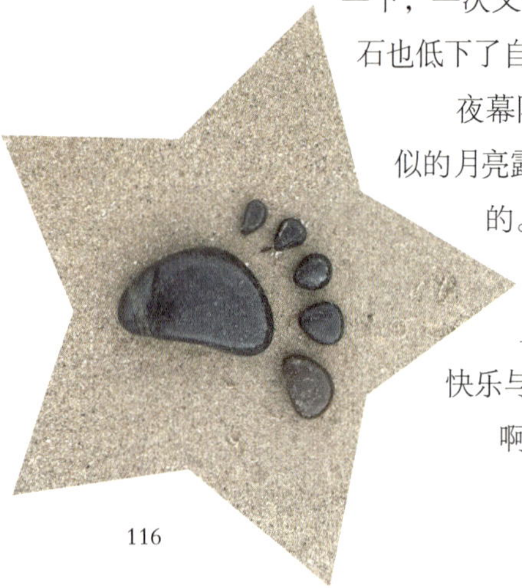

身边自由地畅游，与你共存于世。

评委点评

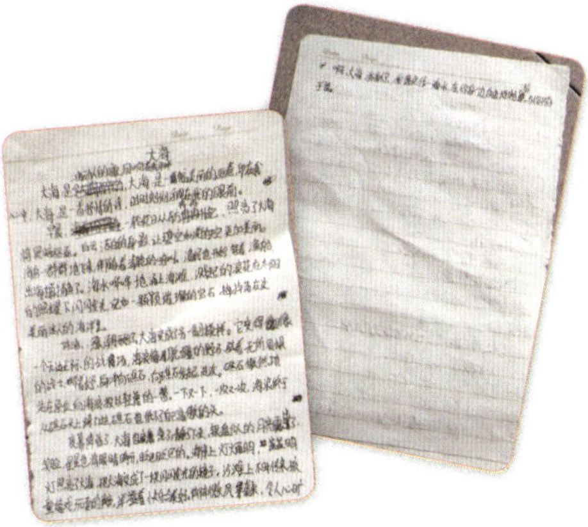
大海

本文短小精悍，以排比起头（这里所提到的“动人的歌”“美丽的画卷”“抒情的诗”在下文中呼应得更明显一些则更佳），以时间为序，写了早上的红日白云，充满希望；写了下午的潮水，如战场一般激烈对抗；写了夜晚的星月，配上灯火通明和欢声笑语，活泼不已。下次写作，则需将景物的特色写得更加明晰一些为宜。如结尾处“我愿化作一滴水，在你身边自由地畅游”，说的是大海的浩瀚与自己沧海一粟的渺小，这个主题在上面行文中则凸显不够。

我眼中的大自然

江西省宜春地区靖安县小学三年级六班　孙雨涵

我眼中的大自然是看着一排排白鹭从潦河上划过，是看着翠鸟在荷花园看看荷花，吃吃莲子……

今天一个好机会来了，老师带我们去野外观察大自然。

一路上，我们看见了桥上川流不息的汽车飞奔而去，我们走在潦河边上，看见了辛勤的农民在劳作，看到了碧绿的水葫芦和它紫色的小花，还看到了一片片长满绿绿的草的河滩，这就是湿地。听老师说湿地是我们靖安的肺，肺干掉了，大自然也就没了。

我们走了三千米，走到了清华大桥，清华大桥的两侧种满了紫薇树，每两片叶子中都夹着一朵紫色小花，紫薇花夹在绿叶中间好像一个害羞的小姑娘，点缀着树木。清华大桥下有许多小洞，我们很疑惑，就问老师："老师，这些小洞是干什么的呀？"老师回答说："这是小麻雀的家，如果雨季来临，雨水就会冲毁它们的家，所以它们才要搬家。"

休息了一会儿，我们又向德容荷花园出发，又走了三千米路，我们终于到了德容荷花园，刚进去一阵芳香扑鼻而来，"啊，什么味道这么香？哦，原来是鲜艳的荷花

呀！”荷花有白的，也有淡粉色的，有的荷花亭亭玉立，像一位少女，有的荷花从荷花池里冒出来，很傲气。我穿着粉色的防晒衣站在一块石头上，轻轻地闭上眼睛，仿佛自己成了一朵淡粉色的荷花在摇动。有小蜻蜓告诉我早晨飞行的快乐，有小鱼儿告诉我游泳的快乐，有小蜜蜂告诉我采蜜的快乐……

大自然真美呀！金山、银山都比不过绿水青山。

评委点评

作者以记叙为主，对观察的景观予以深刻和细致的描写。花、草、小蜜蜂，勾勒出一幅美丽的田园风光。

天堂仙湖

广东省深圳市龙园外语实验学校五年级二班　汤嘉媛；指导老师：杨永婷

“湖光秋月两相和，潭面无风镜未磨。”当年刘禹锡游玩洞庭湖时，作下了这首七言绝句。然而，当我游山玩水，来到美丽的仙湖时，我也不禁用这首诗感慨那大自然的鬼斧神工了！

这哪里是湖，分明是天堂之泉。湖周围的花草树木都美丽无比。在一大片五颜六色的花海里，在一块块绿油油的草地上，在一棵棵高大挺拔的树上，动物们成群结队地做着自己喜欢做的事，有小鸟动情歌唱，小兔欢快蹦跳，蝴蝶飞来飞去……

最妙的要数湖了，湖水清澈见底，绿似翡翠。小鱼在水中游来游去，画出一道道美丽的波纹。湖中央有一座小山，大自然派来一只雄鹰做守卫，雄鹰盘旋在空中，不时冲到小山以求短暂休息，清凉的湖水让它不禁饮用，喝完后似闪电般飞向半空。

要是细讲小山，恐怕讲不完。那小山，千奇百怪，形态各有特色。山顶上有一块很大的奇石，长满青苔，那只雄鹰经常落脚于此地。它的奇形怪状，突然让我想到孙悟空，“这是孙悟空的儿子出生的地方吧”，我想。山上有一处山泉将山两侧分开，潺潺而流，

注入那“天堂之泉”。很神奇，这清澈见底的湖永远也注不满。大自然的魔力，真让我感慨万千。

在仙湖这个神奇的地方，让我感觉到大自然的魔力，大自然是美丽的，也是珍贵的，我们要珍惜这奇妙的大自然。让我们保护大自然，爱护大自然吧！

评委点评

作者以诗句开篇，以漫美的排比句引出写作对象，颇具新意。至于重头戏——湖景，则还需锤炼：湖中小鱼，湖面飞鹰之景虽特色鲜明，但只写此二景还不足以说明它是“天堂之泉”。湖中小山的特色则显得不足。小作者要加强对于景物的观察和画面的构拟，以写出此湖“天堂仙幻”的不同凡响之处。

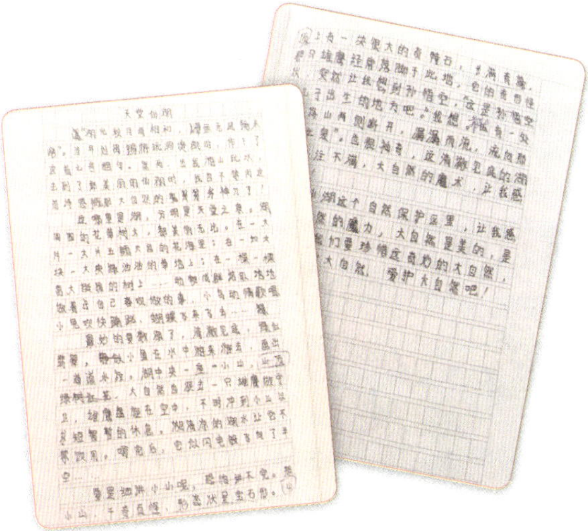

美丽的仙湖植物园

广东省深圳市鹏兴实验学校六年级　刘一诺；指导老师：郭晓维

有人说，那儿是一个植物的天堂；有人说，那儿是人静下来，与自然沟通的人间仙境；也有人说，那儿是偏安一隅的世外桃源。那儿就是伴我成长的仙湖植物园。

仙湖植物园坐落在深圳市罗湖区莲塘社区的梧桐山脚下，是人们休闲与祈福的好去处。时隔一年未去游览了，仙湖，你又变成怎样的一番光景呢？不坐车，也不邀伙伴，只带着满怀的期待与问题，拉着晨风，披着喷薄欲出的太阳送上的金衣，我来到了仙湖植物园门口。阵阵微风与我嬉闹起来，送来了桂花的清香。我轻闭上眼，一边缓缓迈动步伐，一边轻轻扇动鼻翼，感受着大自然的恩赐。

不知不觉间，我走到了“天上人间”，远远望去，绿油油的草坪，湛蓝的天空，嬉笑的人群，宛若一幅展开的巨幅画卷。草坪上几棵国家领导人亲手种植的榕树又长高了许多，最大的那棵当属邓小平爷爷手植树，树上的叶子郁郁葱葱，形成的一片绿阴，如同一把巨大的遮阳伞，大人们在树下乘凉休息，小孩子们

围绕树干在嬉戏打闹着。时光在欢声笑语中缓缓流逝。

夕阳西下，我顺着林阴石阶而下，仙湖就像一位仙女飘然而至。人们在晚霞中流连，鹭鸟在湖中岛屿嬉戏，成群的鱼在七孔桥下追逐，正可谓是“落霞与孤鹜齐飞，秋水共长天一色”的绝美景象。望着清澈见底的湖面，花、鸟、虫、鱼及悠然漫步于湖边的人们，形成一幅人间仙境图，心中生出无限的感慨：人与自然的和谐相处是多么美好的意境。习主席提出的“绿水青山就是金山银山”的伟大目标就是要号召全国人民共同建设和维护这样的“人间仙境图”。

霞光为我织上了一件霓裳羽衣，太阳已经亲吻着西山。我轻轻地挥手告别美丽的仙湖植物园。晚风轻拂着我的发丝，它是否也在想，人们一定会将人与自然和谐相处的思想代代相传，一定会将“绿水青山就是金山银山”的信念坚守传承，把我国大好河山建设成为人与自然和谐相处的美好家园。

评委点评

这是一篇非常优秀的考场作文，观点鲜明，内容充实。开头语言简洁，三句话后亮明中心，采用移步换景的常用游记写作手法，每一处都能看出小作者的精心描绘，既有诗句的引用，又有多种修辞手法，诗意一般的语言，灵活多变的句式，增强了文章语言的力度。结尾点明中心，联想未来，升华主题。

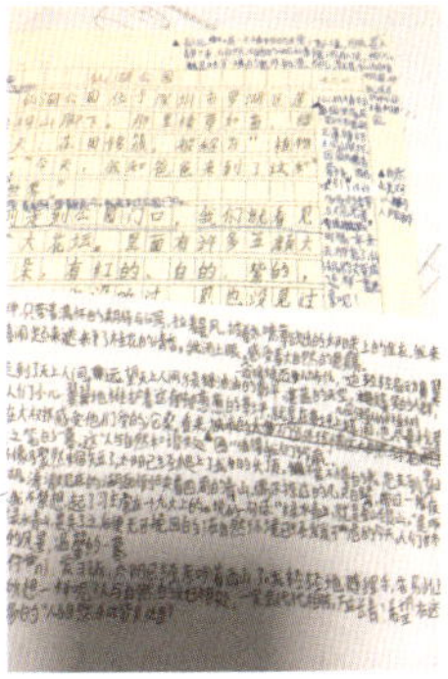

听，是谁在哭泣

黑龙江省牡丹江东华小学一年级一班　赵雨琦

珍宝岛湿地，一个美丽又神奇的地方，处处充满了绿色的生机。它是树木的家，是鸟儿的游乐场，是鱼儿的世界。可是如今一切都变了，森林里只剩下枯枯的树干；天空上都是沙尘；海洋里飘满了各种颜色的垃圾袋……这还是我们的大自然吗？

我们是人类，享用着大自然的一切资源，同时也在浪费着这些资源。猎人们不断猎杀保护动物，让很多珍贵的动物因此灭绝；伐木工人不断地砍伐树木，很多参天大树也不再存在；海洋里不断地漂着垃圾，让动物的环境不断变脏、变臭。我们的家园珍宝岛湿地在一点一点地消失，这不是我们想要的。大自然是一个神奇的地方，给我们心灵的慰藉，也给我们提供了有限的资源。

让我们从现在开始，重新去寻找珍宝岛湿地的美，感受生生不息、向上的力量，做一名大自然的保护者，而不是破坏者。从我开始，从今天开始，从身边的小事做起。

评委点评

文章通过描写珍宝岛以前和现在迥然不同的面貌，并巧妙地进行对比，揭示出了环境保护的主题，令人沉思。运用排比的手法，形象地写出了珍宝岛，使文章很有层次感，引发读者深思。

听，是谁在哭泣

珍宝岛湿地，一个美丽又神奇的地方，处处充满了绿色的生机。它是树木的家；是鸟儿的游乐场；是鱼儿的世界。可是如今一切都变了，森林里只剩下枯枯的树干；天空上都是沙尘；海洋里飘满了各种颜色的垃圾袋……这还是我们的大自然吗？

我们是人类，享用着大自然的一切资源，同时也在浪费着这些资源。猎人们不断猎杀保护动物，让很多珍贵的动物因此灭绝；伐木工人不断地砍伐树木，很多参天大树也不再存在；海洋里不断地漂着垃圾，让动物的环境不断变脏、变臭。我们的家园珍宝岛湿地在一点一点的消失，这不是我们想要的。大自然是一个神奇的地方，给我们心灵的慰藉，也给我们提供了有限的资源。

让我们从现在开始，重新去寻找珍宝岛湿地的美，感受生生不息，向上的力量。做一名大自然的保护者，而不是破坏者。从我开始，从今天开始，从身边的小事做起。

游太平森林公园

广东省深圳市鹏兴实验学校六年级六班 余伊蔓；指导老师：郭晓维

北方的森林公园大多古木参天、高耸入云，像北方的汉子一样，粗犷豪放，伟岸峻拔；而位于西安市西南户县太平峪内的陕西太平森林公园，却在阳刚中透着丝丝柔美，如略施粉黛的江南女子，清秀可人，风姿绰约，眼波儿流转诱人心魂。

记得那日全家进山，刚到达进山笺道口，便听见清脆的鸟鸣和潺潺的流水声。走近一看，一股溪水从乱石中穿过，从山崖上跃落，曲曲弯弯，流淌在杂草和荆棘丛生的山岩之间。溪水滋润过的地方，芳草萋萋，几棵幽兰，兀自开着淡蓝色的花。叮咚的溪水从岩间的缝隙中汩汩流出，好像一群欢快的孩子，时而“哗哗”地欢笑，时而“叮叮咚咚”地歌唱，愉悦地朝着前方奔去。看那溅起的水花，晶莹透明，真是可爱极了。

山中植被密布，遮天蔽日，植物种类繁多，好多我都叫不上名来。有的树木年代久远，树干粗壮，弯曲了身子，挡在路上，我们经过时得弯腰从它身下过，有时会碰到头，美其名曰：鸿运当头。

顺着窈窕曲折的山间小路，我们猫着身子小心翼翼地穿过半米高的山洞，身后传来不知谁的头与岩石相撞“咚”的一声和随之而来“唉哟”声，引来一阵窃笑。经过一座悬在半空中的浮桥，

给了我使坏的机会，我故意张开脚步，双手拉紧两边的绳索，使劲摇摆，吓得走在身后的妈妈惊叫连连，花容失色，爸爸则在桥头开怀大笑。贴着岩壁搭在悬崖边的木桥，清幽斑驳，爸爸领头，女汉子一般的我自然垫后，一行三人蹑手蹑脚地缓慢通过。抚摸着湿漉漉的山体，欣赏着大山里那些如我一样不知名的花草，大多时候在有惊无险中度过，心情是无比愉悦的。

寻着“轰轰”的声响，一路向上，爬了四千多石阶，累得满头大汗，气喘吁吁，终于来到我们此行的最终目的地——彩虹瀑布。这瀑布落差约200米，沿黑白岩石直扑而下，溅出万千琼花珠玉，白色的浪花被太阳光照射，形成一道绚丽的彩虹，横跨在山涧，让人浮想联翩：天上人间并不遥远，站在瀑布前，犹如站在银河边，天离我们那么近，白云在头顶飘动，一伸手就能抓住，脚下是溅起的浪花，我们站在彩虹上，似乎已成仙，想想神仙腾云驾雾也不过如此。在这里，我们停留了好久，不想下山。

山的高大广袤，水的奔腾跳跃，岩石的突兀峭峻，在大自然面前，人真是沧海一粟，微不足道。

评委点评

小作者观察细致，描写入微，丰富的想象和联想仿佛将我们带进了这美丽的太平森林公园，如在画中游！

充满生机的雨林大观

广西壮族自治区南宁市桂雅路小学五年级七班　李佳奕

在一个阳光明媚的清晨，我来到青秀山的雨林大观。茂密的树林里，薄雾还没散尽，给人一种梦幻的感觉。

走在池塘边的石板小路上，我看到睡莲的花儿脱下了翠绿色的小外套，穿上了淡紫色的纱裙，在一片片绿叶的映衬下，显得更加引人注目；老榕树的气根从高高的枝头垂下来，犹如一位慈祥的老爷爷捋着棕色的胡子，向你微笑着点头。这时，温暖的阳光从树叶间透下来，变成一束一束的，就像是金色的珠帘挂在林子里。

别看太阳还没完全醒过来，林子里却已经是一片生机。

动物们的派对开始了！在水里，鱼儿不停地吐着一串一串晶莹剔透的小泡泡，好像在说着悄悄话；在水边，青蛙们有的在荷叶上跳来跳去，有的跳到岸上来，好奇地看着池边的人们；在树上，小鸟在欢乐地唱着动听的歌儿。鸟儿可真多呀！有大的，有小的，有花的，有黑白相间的，让人应接不暇。孩子们在小桥上欢快地跑来跑去，老人便急急忙忙地跟上去……忽然，树上传来一阵"沙——沙——"的声音，人们不由自主地抬头望去，原来是一只小

松鼠在树枝间穿梭，我定睛一看，它的小爪子还抱着一颗花生呢！

大自然带给了人们清新的空气和舒适的生活，我们也要保护大自然，让天更蓝、水更清，让我们和可爱的动物们和谐相处。我一定要做小小自然卫士，让大自然永远美丽！

评委点评

作者对青秀山公园的山清水秀和茂密雨林的美景很有感触，字间加之对雨林小溪中的鱼儿和青蛙的自由嬉闹与树上的松鼠形成对比，表现了大自然小动物特殊的灵性，同时也阐述了小作者热爱大自然、保护大自然的决心。

观黄果树瀑布

广东省深圳市鹏兴实验学校六年级七班　祁馨宇；指导教师：杨涛

"所谓'珠帘钩不卷，匹练挂遥峰'，俱不足以拟其状也，盖余所见瀑布，高峻数倍者有之，而从无此阔而大者，但从其上侧身下瞰，不免神竦。"公元1637年，徐霞客游历贵州，途经黄果树瀑布时，曾对它作出了这样的描述。从那时起，黄果树瀑布就渐渐被认为是我国的第一大瀑布。百闻不如一见，机会来了，今年暑假，妈妈带我去贵州旅游，终于得以一睹它的风采。

坐在景区的观光车上，我的心情随着山路的起伏跳跃着、兴奋着，只见道路两旁的青山连绵不绝，郁郁葱葱的树木绵延到山脚下的溪流中，山水相印，水流潺潺。不一会儿，我们就来到了第一个景点——陡坡塘。沿着栈道，映入眼帘的是一条平坦宽阔的河流，上下有一些落差，形成了些小瀑布，虽然它的高度不高，但是最宽的地方却达到了一百多米，水从高处一泄而下，声势也很惊人。据说，这还是唐僧师徒四人曾经走过的地方呢！

继续沿着台阶往上走，茂密的树林遮住了我们的视线，其间偶尔能看到几棵挂着黄果的树，当地人叫它黄果树。导游告诉我们这就是黄果树瀑布

名字的由来。走了数分钟，老远就听见了“轰隆隆”雷鸣般的巨响，我和妈妈都不约而同地加快了脚步，很快，一幅震撼人心的景象出现在我们的眼前：只见一帘七八十米宽的水幕悬挂前方，瀑布如那脱缰的野马，咆哮着、奔腾着，它以雷霆万钧、波涛万顷之势直冲而下，溅起的浪花和水汽汇聚成白白的、浓浓的雾气，水雾随着风泼洒在围观人群的身上，配备好了雨衣雨伞的我们，也没有躲过水雾的侵袭，身上多多少少都有了些许湿意。看着瀑布激起的烟雾，听着它狂怒的咆哮声，我终于知道了什么是震撼、什么是激情、什么是飞流直下、什么是声若巨雷。

我拿起相机，迫不及待地把这一美景留住，心里也暗暗揣测道：如果当年李白去的不是庐山，而是来到这里，那么也许千古名句就是写给这雄伟壮观的黄果树瀑布了吧！

评委点评

小作者的开头由引用进入主题，结合徐霞客的“名人效应”，一下子就吸引了读者的注意力，而在小作者笔下的黄果树瀑布，更是非常吸引人，对于瀑布的描写，比喻和拟人交错运用，使读者有如身临其境，更优秀的是能够有点面结合，前面的“面”平铺直叙，后面的“点”的爆发才能够打动读者。

珍爱自然之美

山西省晋城市陵川县城南友谊小学六年级一班　邱楚萌

花，美在色彩；天，美在清澈；云，美在纯洁；山，美在巍峨。自然之美，源于这些美丽的景物；自然之美，源于这些美丽的永恒。大自然是我们人类共同的家园，它给我们提供了赖以生存的丰富资源。是如此，我们应该珍爱自然，保护自然。

暑假期间，我们城南实验小学30名同学在老师和第一山林场工作人员的带领下游览了王莽岭景区。一路上，我们兴奋极了。经过一路的欢声笑语，我们终于来到了王莽岭。王莽岭属于那种看一眼就忘不掉的地方。王莽岭属太行山脉，是黄土高原与华北平原的分界线，太行山脉的精华部分在这里呈现得淋漓尽致，高峻如削、跌宕延绵、如诗如画。它让我感受了鬼斧神工般的自然伟力，又让我感受了人定胜天的豪情。

随后，我们又乘车去锡崖沟，车子顺着蜿蜒的公路盘旋着向下走去。锡崖沟村位于王莽岭的西南脚下，是一个四面都是山、村中有一个大峡谷的山庄。最值得称道的是锡崖沟人历时三十年在绝壁上抠出的一条挂壁路。他们用生命和鲜血谱写了一曲人与大自然抗争的英雄壮歌，被称为“当代愚公，人间奇迹”。在人们惊叹“锡崖沟精神”的同时，发现这里还是一个神话般的世外桃源。沟内阡陌纵横，气候凉爽，鸡犬相闻，民风淳朴。壮美的山川与安静清幽的田园风光使人流连忘返。

最后，我们去了棋子山——世界围棋发源地。相传，殷商沦亡后，箕子隐居于此，并在这里发明了围棋，与仙人对弈，此山故名谋棋山。棋子山山清水秀，松林蔽日，山上布满了黑白分明的小石子，圆滑光洁，像围棋子。看到硕大的棋盘，想到了先祖的对弈，我和小伙伴们也禁不住在一旁的棋盘上对弈，一决高下。

这一天，我们尽情地在山的怀抱中呼吸大自然的气息，尽情地将这自然的每处风景都收入眼中，印入脑海，尽情地享受自然之美。让我们一起珍爱这难得的美景，珍爱我们的大自然吧！

评委点评

邱楚萌小朋友把家乡的自然风景描绘成一幅美丽的画卷，文章将自然风景与历史故事融为一体，体现暑期生活中的一堂人与大自然亲密接触的自然课。

白水涧游记

浙江省杭州市省府路小学五年级四班　蒋奕同

周末，我们一家出去游玩，来到临安白水涧。

白水涧景区位于临安区北郊的泉吭村，虽然它没有浙西大峡谷、青山湖、太湖源那么出名，但植被丰茂，拥有98%的森林覆盖率，因此，有人间“世外桃源”的美誉。

一进景区，我就被白水涧的大门旁流淌着的清澈的溪流吸引了。潺潺水声如同调皮的小精灵，一个劲地往我耳朵里钻，站在桥上看溪流，清澈见底，水下的沙石每一块都看得清清楚楚。山泉犹如连绵不断的无色丝绸，轻松跳跃，时时刻刻都在吟唱着动听的歌。

顺着小路往上走，小路两旁绿树成阴。向上走，见一块大石头上醒目地写着：绿水青山，老百姓的“金山银山”。翠绿的竹子映衬雪白的浪花，形成一幅美丽的风景画。

走过摇摇晃晃的索桥，一帘飞瀑映入眼帘。那水声气势澎湃，震动耳膜。飞瀑自空中飞泻而下，犹如千军万马一般，甚是雄伟！小路左边，苏轼的《于潜僧绿筠轩》刻在竹板上：“宁可食无肉，不可居无竹。无肉令人瘦，无竹令人俗……”有山，有水，有竹，有诗，一种对这里的喜爱之情油然而生。

抬头仰望，飞瀑高不见顶，我非常想知道它的源头，于是，我们开始攀登。

走过“龟王醉酒”，穿过小二茶庄，坐过思姑亭，翻过百步岭，我们来到竹林迷宫。这个迷宫由12个亭子组成，分别介绍十二生肖的属性和许多名人的属相，我在里面按照十二生肖的顺序寻找亭子，玩得不亦乐乎。

顺着弯弯曲曲的山路，我们继续往山上爬去。雨后的山中，弥漫着一股泥土和竹子的气味，沁人心脾。地上仍有些湿滑，树木在我们的头上“搭起”一个绿色的顶棚。几缕阳光从树叶的缝隙中照射下来，在地上形成一块块金黄色的光斑，美丽极了！

再往上时，山路变得陡峭，已经没有其他游人了。当到达“仙谷瑶池”的时候，我已身心疲惫。山谷中水雾缭绕，地面越发难走，我决定放弃。爸爸鼓励我：“还有3站就到顶了。”说着，他义无反顾地向上走去，我咬紧牙关，跟了上去。

到了我身体极限的时候，我们来到了目的地——三叠仙泉。那是两块巨石间的一个峡谷，洁白的山泉自云端倾泻而下，谷中弥漫着清凉的水汽，水精灵时时拍打在我的身上，好似滋润我的身体，一下子，我完全放松下来了。

我站在山顶，眺望远方，群山与天空交汇，那么壮丽，那么和谐。我把自己融入自然，如同身边的一草一木，用心感受大自然的声音，那是它为我们谱写的华丽乐章！

评委点评

“有山，有水，有竹，有诗”这四点表达文章的中心思想，作者又以白水涧景区“山之秀、涧之幽、水之清、竹之翠”之美景，与陶渊明的神秘身世给人们流连忘返的印象，结尾作者把自己融入自然，如一草一木，可谓胸有成竹。

夕 阳

广东省深圳市龙园外语实验学校四年级三班　刘帅

天空被染上了血红色，桃红色的云彩倒映在江面上，整个江面金光闪闪的，此时的天边像燃起了熊熊大火。

瞧，那一朵朵黄白相间的云朵，一朵连着一朵给天空织成了一件金红色的羽绒服，不一会儿，又变成红色，把太阳打扮得像个公主似的。俯视江面，一道残阳斜射在江面上，像无数的鱼儿在跳跃。

大约6点多钟，太阳收起了刺眼的光芒，变成了一个金灿灿的大火球，周围的云变得更加绚丽多姿，时而像撒欢的小狗，时而像飞翔的小鸟，时而像奔跑的骏马，时而像各种各样的花瓣……远处的桥梁和高楼在夕阳的映照下仿佛涂上了一层金粉，显得格外瑰丽。

又过了一会儿，夕阳那微弱的光芒给大地披上了蝉翼般的光彩，云朵披上了金辉。云朵像少女一样姗姗而行，渐渐靠近江面。天边飘浮着几块白丝般的云彩，宛如鲜艳夺目的锦缎，装饰着天空。

看着看着，眼前的太阳又向下滑了一截，更接近江面了，变得更红了。太阳慢慢地笑红了脸，仿佛害羞的小姑娘一样红了脸。太阳亲吻着江面，向大地和天空喷出了红彤彤的光芒。太阳把光芒借给了长江，借给了世界上的一切。太阳展示完自己的美貌后，欢快地一跳，消失在江面上，又回到了妈妈的怀抱。

评委点评

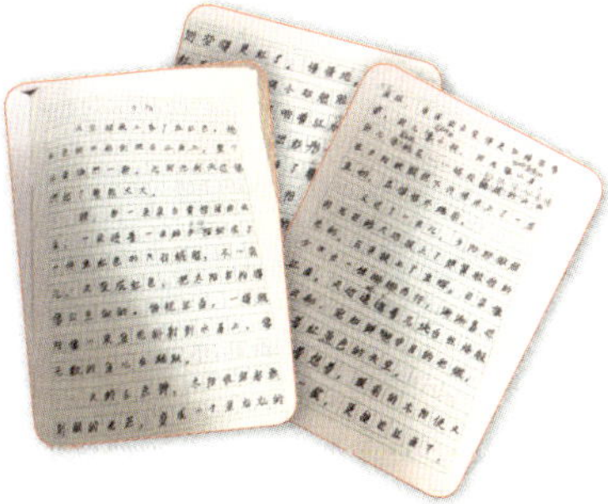

小作者文章的大段的描写，让读者一次比一次更“靠近”落日与晚霞，这可以说是一篇非常棒的观察日记。小作者从夕阳西下的景色写起，结合多种描写手法，尤其运用了大量“时而……时而……”的语句，语言丰富，趣味性强，叙述生动，描写细腻，生活气息浓厚，遣词造句准确传神。语言运用清新活泼，欢快明朗，是一大亮点；字里行间跳动着的童心，使文章也有了生命力。

林间小道

广东省深圳市鹏兴实验学校六年级四班　李思成

就是这样一个普通的小道，给了我无比的震撼。

看到这里，也许你会问，小道有什么值得去观赏的呢？而当你走过林间小道时，你就找不到你惊叹不了的地方了。

春天，每一个枝头都有可爱的小芽探出头来，它们身着嫩绿的衣服，迫不及待地向外探望，想要看清这多姿多彩的世界。温暖的春风拂过树梢，剪掉还未掉落的叶子；冬天的雪早已融化成水，沾湿了泥土，喂饱了树……走进小道深处，百花齐放，各种各样的花争奇斗艳，都洋溢着快乐的笑容，好像在庆祝春天的来到，谁能说这不能让我们惊叹无比呢？

夏天，春天的萌芽已经长成了硕大的树叶，遮在空中。走在小道上抬头看，竟然看不到一片天空，但阳光还是透过树叶照射到了林间的小道上，小道变绿了，树变绿了，路边的石头也变绿了，这种绿不是单调的绿，而是深浅不一的绿，你根本说不出这些绿的名字，绿得自然，绿得美丽。这种绿也可以使我们惊叹。

秋天，树林的颜色又从绿变成了黄，小道上铺满了落下的树叶。秋风萧瑟，吹过这些大树，就有满天的黄叶像是穿黄衣

的小仙女在空中跳舞，又像是天空中飘起了黄色的雪花，走在小道上，踩得树叶“嘎吱”响。徜徉在林间小道中，我们不禁惊叹起来。

冬天，枝头落满了雪花，地上也铺满了雪毯。走在小道上，留下一道道洁白的脚印，小道旁边的树，虽然没有“千树万树梨花开”的壮观，但却白得透明，白得可爱。天上不时落下晶莹透亮的雪花，置身其中，仿佛到了人间仙境，世外桃源。远处，梅花一枝独秀，它既不鲜艳，又不香气十足，但立在雪白的冬天里，却是不一般的风景，这时的你已经不可能不惊叹了。

看到这里，想必各位已经被震撼住了吧？现在你们应该知道了为什么我就对这一个不知名的林间小道这么赞不绝口。但是现在这样美丽的地方已经不多见了。它之所以这么美丽，是因为大自然的鬼斧神工，可真正的自然还有多少呢？同学们，绿水青山就是金山银山，让我们保护大自然，让这种风景更加美丽。

评委点评

小作者对一条“林间小道”观察仔细，描写细腻，按照春、夏、秋、冬的时间线串联，每一季有每一季的特点，每一季有每一季的生动，语言生动活泼，表现手法富有新意。全文语言朴实又不乏生动描写，结构自然又表达有序，首尾呼应的同时升华主题，点明“大自然”的鬼斧神工，并用问句形式引导读者思考。

倾听大兴安岭的声音

黑龙江省牡丹江市师范附属小学四年级一班　梁肇鑫

大自然的声音非常美妙，只要你用心去聆听，一定会有新的发现。

五一小长假的时候，我的妈妈带我来到了美丽的大兴安岭。踏在一条蜿蜒的羊肠小道，走在这片树林中，鸟儿在呼唤着我的名字，露珠在与我交换眼神，每一棵树都是我的知己。它们迎面送来无边的绿翠。我站在它们之间，仿佛自己也是一棵参天大树。我脚下长出的根须深深扎进泥土和岩层，头发长成树枝，血液变成树的汁液，在树的年轮里旋转流淌。

就这样，我慢慢地走着，跟它们打招呼。走到了河的对岸，看到柳树姐姐在那弯腰洗头，我跟柳树姐姐打着招呼，柳树姐姐也热情地冲我笑着。后来，我看到了小鱼们，小鱼们和我打完招呼就走了，那是因为雨来了。我急忙和柳树姐姐告别，找到了躲雨的地方。雨声从很远的地方传来，由远而近。

在雨里，我顶着一片芭蕉叶，跑到了一条小河边，用心听着小河急喘的声音。于是我扔了一块石头发出了一种说不出的声音——咚，听见雨声——沙拉拉—沙拉拉。

不知道什么时候，雨

悄悄地停了，风也屏住了呼吸，树林一下子变得宁静。远处的鸟儿唱起了歌声，仿佛在倾吐着雨后的欢悦。树叶上的雨珠还在往下滴着，发出清脆的声音，仿佛是雨后的余韵。大自然带给我们的声音真是如此的丰富而美妙。我喜欢美丽的大兴安岭！

评委点评

本文文笔优美，感情细腻，具有个人风格，充分地运用比喻、拟人等手法将大兴安岭的美描述得生动、具体。这一篇简短的文章，像是一叶载满梦幻的小舟，盛装着作者的童真、梦幻以及向往。

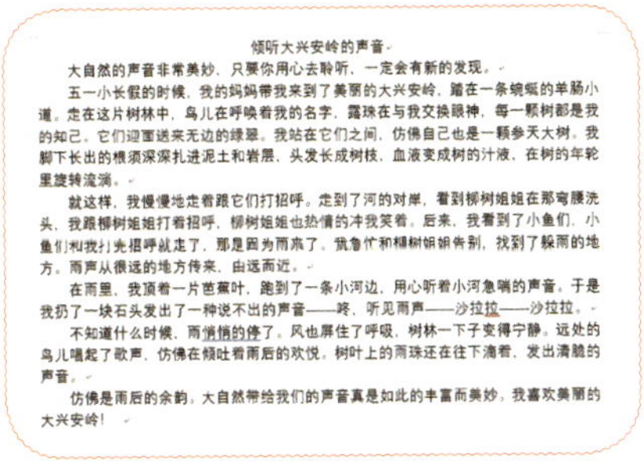

倾听大兴安岭的声音

大自然的声音非常美妙，只要你用心去聆听，一定会有新的发现。

五一小长假的时候，我的妈妈带我来到了美丽的大兴安岭，踏在一条蜿蜒的羊肠小道。走在这片树林中，鸟儿在呼唤着我的名字，露珠在与我交换眼神，每一颗树都是我的知己。它们迎面送来无边的绿翠。我站在它们之间，仿佛自己也是一颗参天大树。我脚下长出的根须深深扎进泥土和岩层，头发长成树枝，血液变成树的汁液，在树的年轮里旋转流淌。

就这样，我慢慢地走着跟它们打招呼。走到了河的对岸，看到柳树姐姐在那弯腰洗头，我跟柳树姐姐打着招呼，柳树姐姐也热情的冲我笑着。后来，我看到了小鱼们，小鱼们和我打完招呼就走了，那是因为雨来了。我急忙和柳树姐姐告别，找到了躲雨的地方。雨声从很远的地方传来，由远而近。

在雨里，我顶着一片芭蕉叶，跑到了一条小河边，用心听着小河急喘的声音。于是我扔了一块石头发出了一种说不出的声音——咚，听见雨声——沙拉拉——沙拉拉。

不知道什么时候，雨悄悄的停了。风也屏住了呼吸，树林一下子变得宁静。远处的鸟儿唱起了歌声，仿佛在倾吐着雨后的欢悦。树叶上的雨珠还在往下滴着，发出清脆的声音。

仿佛是雨后的余韵。大自然带给我们的声音真是如此的丰富而美妙，我喜欢美丽的大兴安岭！

走进仙湖植物园

广东省深圳市鹏兴实验学校六年级六班　祝熙檀；指导老师：郭晓维

星期天的早上，爸爸妈妈拉着我走进了天然氧吧，来到美丽的仙湖植物园。

一进园就感觉投入到了大自然的怀抱。高高低低的树葱葱郁郁，连绵起伏，汇成苍茫的林海，林海与蓝天相接，白云依偎着树梢，它们是相逢拥抱，还是握手告别呢？我的心情莫名好了起来！

看，路旁手舞足蹈的灌木丛，阴柔的、刚劲的小草争先恐后地拥向树与树之间，把森林挤得严严实实，使绿色的海更加深沉、含蓄。

林海的草丛里藏着星星点点的小花，灌木里嵌着形态各异的野果，赤、橙、黄、绿、青、蓝、紫，像玛瑙、像珊瑚、像贝壳……散落在林海中。哇，我情不自禁地感叹起大自然的美好！

走在干净的山间柏油路上，只见它劈开绿海波涛，一直延伸到仙湖的顶端，好像大自然的五线谱。上山的车辆、虔诚祈福的人流、山中的飞鸟，就是那流动与静止的音符；小鸟"叽叽喳喳"的歌声，混合成一首动人的交响曲，那么清新，那么和谐，那

么的美妙动人。走累了在安静的植物园亭角、路口稍作歇息，往来路人的谈笑风生，微风吹过树林的荡漾声，让人身心愉悦！

来到仙湖边，碧绿的湖水清澈见底，一条条小鱼儿在水里欢快地游来游去。哈哈，居然还有小螃蟹爬来爬去，可爱极了！阳光洒在波光粼粼的湖面上，闪烁着点点银光，简直就是一副绝美的风景画！清风拂来，温润的空气、沁人心脾的负氧离子仿佛给我的小脸敷上了一层舒适的面膜。树木的清香，泥土的芬芳，绿得发亮的植物，娇艳的花儿，潺潺的流水声，清脆的鸟叫声，让人然心旷神怡。

走进植物园，走近大自然，抬头看看湛蓝的天空、飘逸的白云，闻着大自然的气息，聆听大自然的声音，将身心融入其中，感觉自己心灵已经被这美妙的大自然所净化！

我爱仙湖植物园，我爱美丽的大自然！

评委点评

小作者眼中的大自然是有生命的，他笔下的林海与蓝天白云仿佛一对好朋友，张开怀抱、相互依偎，他笔下的灌木丛会和着风的节拍舞蹈，小草会争先恐后地涌向大树……充满趣味又合理的想象，凸显生机勃勃的大自然。本文行文流畅，简洁，充分发挥了小作者的想象力，是一篇不错的写景文章。

珍爱地球，从我做起

山西省晋城市沁水县西关小学四年级四班　徐从周

我有一个困惑：那么多的地震、海啸、火山喷发，尤其是人类的严重污染和过度索取，地球该有多难受啊。如果有一天，地球要被迫变得和现在不一样了，地球该怎么办呢？同学们说我是杞人忧天，我却总是不能停止思考它。

今天，爸爸妈妈要带我去太行洪谷看看。听说那里风景很美，有很多原始生态的东西，我决定和他们一起去，说不定还能帮我解决那个困惑呢。

洪谷的景点真不少，现在还没有完全开发出来，所以只能先看看“十三潭”了。从谷口往里走，两边的山高高耸立，并且越走越窄，就像钻进了一个狭长的通道。山上树木长得满满的，郁郁葱葱，一股清凉、自然的气息不断扑面而来。

曲曲拐拐地走了几千米后，“十三潭”到了。“十三潭”不只有十三个潭，大小潭瀑有四五十处呢。现在看到的只是最后一潭。水从高处激泻而下，重重地砸进了下面的潭中。潭里的水呈墨绿色，一定是比较深的了。潭里的水往外溢着，朝前方又冲了下去，形成连瀑，真是太壮观了。

深潭周边的石壁上留下了水流冲刷的痕

迹，很高、很光滑。书上说，能形成这样的冲刷痕迹，非有数万年、甚至数百万年不行，这真让人着迷。不过，那个时候，人类在哪儿呢？我突然明白了，人类在或不在，大自然都是这样自然地存在着、变化着。地震也好，海啸也好，人类的污染和过度索取也好，地球还是地球，无非是变了个模样而已。但是，对于人类就不同了。一旦地球变得不适合人类的生存了，人类怎么办呢？原来我的困惑只想到了一半，是不完整的。假如没有了人类，地球的存在还有什么意义呢？当然，人类如果不能同赖以生存的地球和谐相处，地球也绝不会同人类客客气气的呀！

大自然的报复是严酷的。如果人类不总是那样迷信自己的无所不能，如果人类不总是那样的贪婪和短视，该有多好啊！

珍爱地球，从我做起！

评委点评

作者以一种对自然的好奇心开始，文中通过对大自然的了解与地理知识融为一体，懂得人类要爱护大自然、与大自然和谐相处的道理，号召大家珍爱地球，从我做起！

游漓江

广东省深圳市鹏兴实验学校四年级七班 张景尧；指导老师：黄秀慧

去过万里长城的北京，感受过小资式的上海、温和的杭州、自由的香港、独特的澳门、中国的大西北……但让我难忘的，还是桂林漓江。

13岁那年，妈妈说要带我去旅游，听到这个消息，我高兴得一蹦三尺高："真的吗？去旅游！这可是我梦寐以求的事啊！"我掐了一下自己，确认不是做梦后，高兴地欢呼了起来。

可是欢呼完了，我意识到一个很重要的问题：去哪玩？我和妈妈抓耳挠腮，也没想到一个合适的地点。这时，爸爸发话了："都说'桂林山水甲天下'，我们就去桂林漓江吧！"我和妈妈相视一望，猛点头，表示赞同。爸爸喊了一声："出发吧！向桂林进军！"我们一家子就这样踏上了去往桂林的旅程。

我们到了桂林，下了飞机，把行李安置在酒店里，就直奔漓江。妈妈问我："划船吗？""当然要了！"我毫不犹豫地回答。我们坐上船，向江中心划去，清澈见底的江水里，我看到一条小鱼，迫不及待地把手伸进水里试图撩起水中欢快的小鱼，不曾想，撩不起鱼儿并没有给我带来不悦，那是因为——哇！这江水真凉啊！正值炎热的夏天，那股清凉一直流进我的心里，简直太清爽了！

我们的船向前游着，我发现江面变宽了。两边的山，没什么树木，显得十分壮观。它们就像一个个巨人，在保护着漓江。大大小小的船在水面上行驶着，就像一个中国版的“威尼斯”。也许是因为烧油的关系，有些大船时而从江面传出“隆隆”的响声，船过处，江水会泛起小小的浪花，仿佛一首婉转而不失起伏的小提琴曲子《秋》。

船仍在朝前开，慢慢地山上呈现出许多雕像。我仔细一看，是佛像啊！有送子观音、南無阿弥陀佛，还有许多叫不出名的佛像。每个佛像都非常的精致，这是劳动人民付出了无数心血换来的，我们要保护这些精心创作的遗产。偶然，看见游客们无意中丢弃垃圾于此……倘若，有天因为来往的游客太多，不懂得保护漓江的美，那么漓江失去了这些美的时候会变成什么样呢？会不会美丽的漓江就这样慢慢地消失了？一想到这，竟然有些难过。妈妈拍拍我肩膀，说：“你小脑袋瓜想什么呢？”我没有说话，心里却想着离开了。也许，正因为我们的到来而惊扰了它的美呢。

显然，漓江的美深深地打动了我，也将成为我最难忘的一次旅行。不过，更难能可贵的是我明白了保护漓江的美，人人有责。

评委点评

小作者只有四年级，但显然超水准发挥，尤其是首段对于去过地方的形容词运用，丰富而准确。当然，小作者笔下的漓江更是美得都到了读者的心里。本文语言虽然并不华丽，但却极为准确生动，情感丰富而真实，读来津津有味。部分内容采用生活中的口语，使文章更显自然亲切。结尾以“保护漓江，人人有责”，点明中心，含蓄隽永，意味深长。

游镜泊地下森林有感

黑龙江省牡丹江市平安小学六年级二班　程汉祥

青山碧水、蓝天白云，这里的一切那么美好，远看，像一块碧绿无瑕的翡翠；近看，却又有着那么多的奥妙……多么难忘的假期啊！让我有幸来到镜泊湖地下森林里走一走，领略无限风光！

镜泊湖地下森林又称"火山口国家森林公园"，和镜泊湖区1200多平方千米的面积共同列为国家级自然保护区，位于黑龙江省牡丹江市境内镜泊湖西北约50千米处，坐落在张广才岭东南坡的深山内，海拔1000米左右。当我们沿着山路上行，登上火山顶时，眼前会突然出现一个个硕大的火山口。据科学家考察得知，经千万年沧桑变化，大约一万年前的火山爆发形成了低陷的奇特罕见的"地下森林"，故称火山口原始森林。

为了亲眼看看这"奇观"，我们爬上了高高的山岭，穿过了长长的石洞，袅袅的烟云围绕在我四周，而那满是生机的树梢却刚没过我的脚尖，远不及那山上的小草高。远远望去，地下森林深不见底、宽不可测，但却拥有着多种珍贵的树木、保护着各种野生动物，就像个沉默寡言、与世无争的人儿……

遥想万年之前，你究竟受住多么大的痛苦才扛过那次火山喷发？你究竟忍住了多少磨难才成就今日的"奇观"？你给我们提供了一个天然的氧吧，你为我们创造了一片供观赏、供游玩的净土，可是作为人类的我们呢？听啊！苍郁的巨木在链锯声中“嚯嚯”倒下。看啊！你拼命保护的珍稀动物在猎枪声中失去生命。“哗哗哗……”下雨了，不，这更像是你的泪水，我仿佛听见，天上地下无数个蓝精灵、白精灵、绿精灵在呼唤：“还我们一片蓝天、白云、绿草地！”不要哭泣、不要难过！我要保护你、我要呼吁：人类啊，你看见了吗？蓝天越来越少见了！参天的巨木也不多了！河水渐渐发出了臭气！乱砍滥伐、沙漠化更加严重了，而动物的家呢？渐渐消失了……为了我们共同的家园，放下手中的链锯吧！放下手中的猎枪吧！我相信，不久的将来，晴朗的天气更多，到处都有鸟儿的鸣唱！

评委点评

文章通过对镜泊湖美景的描述，与后文乱砍滥伐的行为做出鲜明的对比，切合实际，蕴含着朴素而深刻的哲理，发出“从我做起”的呼吁，主题鲜明，读来令人精神振奋，情绪激昂。文章写得很有感染力，作者从镜泊湖“火山口国家森林公园”景观中，感受到大自然的魅力，也看到了人类破坏大自然的痕迹，表达了心中对修复大自然的渴望心情，同时在文章中也提示那些不法行为的人，不要再摧残大自然，共同来保护大自然吧！

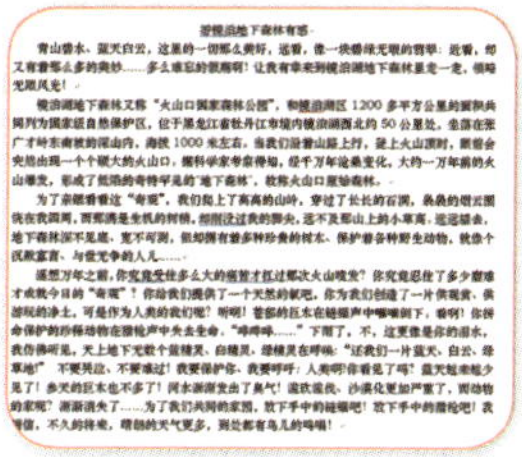

探究自然之奥秘

广东省深圳市鹏兴实验学校五年级五班　刘政熹

大自然这个知识宝库，有许多人类不理解的地方。植物为什么不用睡觉？尼斯湖怪真的存在吗？世界上真的有吃人的植物吗？这次，我来到了仙湖植物园，探究自然之奥秘。

倚在梧桐山旁的仙湖植物园，是一个名副其实的植物天堂。进入园内，空气是那么清新，让人巴不得在这段时间里多呼吸几口。

最特别的莫过于化石森林了。里面有形形色色的植物、动物化石。它们本来是茂盛的森林，由于地壳运动而被掩埋在了地下，经过硅化作用而变成了化石。它们完整地描述了地球上生命的历史，是珍贵的研究资料。看着它们，似乎回到了古老的时代，我们不禁发出赞叹："大自然可真奇妙啊！"

来到了仙湖，除了化石森林，一定要去探究探究沙漠植物区。那里的沙漠植物会让你大为赞叹，居然还有这样的植物！金晃的样子可真奇怪；金手指应该就是大自然的手指吧；花座球属像皇帝坐在宝座上，真奇怪！仙人掌为了适应沙漠环境，为了尽可能地避免水分流失而将自己的叶子退化成了坚硬的叶刺，这便是大自然的奇妙之处，更多的奥秘还

等待我们去探索呢！

仙湖植物园的药用植物区里面有许多药用植物，有我们生活中常用到的金银花、车前草、鱼腥草等。我想，最有名的应该是黄花蒿了吧，从它那里提取的青蒿素是一种非常有用的药，由我国医学家屠呦呦第一次使用乙醚成功地提取出来。别小看这“杂草”里面提取出来的东西，它可在非洲爆发疟疾时救了几百万非洲居民的命。它的故事告诉我们要不断学习，科学探索，发现大自然的奥秘，利用大自然的力量为人类服务。

大自然的奥秘还有很多，在等待我们去探索。探索自然之奥秘，我能行！

评委点评

小作者在文章的首段，连用三个问句引起读者的思考，进而笔锋一转，带着读者进入到了大自然的一隅——仙湖植物园。从特别的“化石森林”到神秘的“沙漠植物区”，再到药用植物的介绍，小作者的思路非常清晰，重点突出，详略得当，字里行间流露出的人生体验的丰富和思想感情的细腻都让人动容。

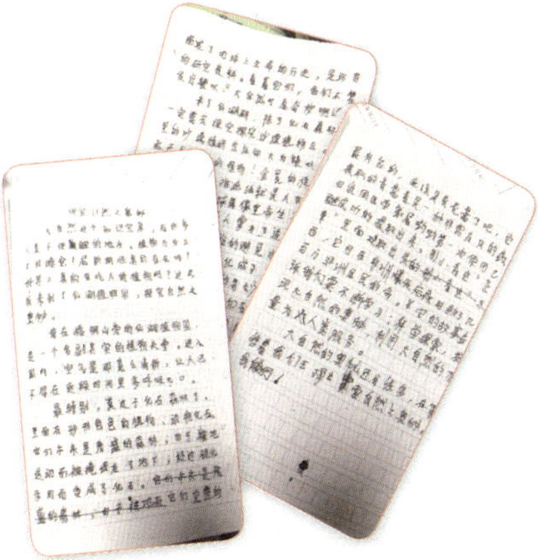

镜泊湖的彩虹

黑龙江省牡丹江市先锋小学三年级二班　王姝涵

暑假的时候，我跟爸爸去镜泊湖游玩。上午还晴空万里，下午天空就瞬间乌云密布，随着几声震天的响雷，倾盆大雨从天而降，又是闪电又是雷鸣的，可吓人了。

一会儿，路上已是白茫茫的一片，行人四处奔跑着躲雨去了，整个地方都笼罩在暴风雨中。我生气地对爸爸嘟囔着："这是什么鬼天气，太扫兴了。"爸爸一边擦着脸上的雨水一边说："这是阵雨，马上就会过去的。"一阵暴雨后，我忽然惊奇地发现在天空有一条七色的彩虹，横跨南北，悬挂在空中，天空格外的晴。它多么美丽，就像一位技艺高超的画家用淡淡的水粉挥笔而成，又像一个美丽的仙子在天空上舞蹈时忽而一跃划出这条美丽的弧线。随着太阳的光芒越来越强，彩虹的颜色也渐渐凸显，变得更加绚丽。我数了一下真的是七种颜色。我仿佛看见一群可爱调皮的孩子在这美丽的天桥上嬉戏、玩耍。我此时兴奋地拉着爸爸一起欣赏这美丽景观，然后赶紧拿出照相机留住这漂亮的自然景象。我问爸爸彩虹是怎么形成的，爸爸说："彩虹是一种光学现象，空气中漂浮着许多这样的小水珠，它们就像一个个悬浮在空中的三棱镜，太阳光通过它们时就会被分解成红、

橙、黄、绿、青、蓝、紫这七色光带，然后再反射回来。这时，如果有人站在太阳和雨滴形成的‘雨幕’之间，就会看到一条色彩缤纷的彩虹。”

我望着天边的彩虹，彩虹带给我无尽的遐想：是啊，阳光总在风雨后，我真喜欢镜泊湖这美丽的彩虹！

评委点评

文章开头简而得当，通过环境描述，来衬托人物情绪，十分艺术化，杂而不乱，能做到详略得当，重点突出，结尾恰到好处地点明中心，语言朴实而含义深刻，耐人寻味。

保护生态，转化能源

青岛市崂山区第二实验小学六年级五班　刘镇宁

习大大说过，"绿水青山就是金山银山"，没错，这建设生态文明是我们中华民族要持续下去的。如果我们把绿水青山化成农业发展与旅游景点，就会变成源源不断的金山银山，这是第一点。

第二点，这绿水青山不仅仅是经济来源，更是我们赖以生存的大家园，如果金山银山和绿水青山发生不可调节的碰撞，那我们必须选择我们的绿水青山。大自然就是一个大生命，而我们则是大自然中的小生命，这大生命是由小生命组成的，而小生命则需要大生命来保护，双方互惠互利、相得益彰。

我们到底要怎么保护我们的自然呢？一是日常生活中，如果家家户户都有车而且每天都上路的话，排放的尾气可是破坏生态的一大要素，所以我们在今后的社会，有能力的情况下可以更换新能源汽车，就像现在的部分公交车，早早地将驱动能源转化成为电。

二就是工业问题。我们以前随处都能见到"大烟囱"在往天空中排放污染气体，这就是工业污染。经过我们国家几年的环保治理，现在的污染排放已经大大减轻，但还有一些不合规的工厂随意排放污染。其实我们完全可以利用现在的可燃冰来替代煤炭，还天空一片清洁。

同学们，在今后的生活里，我们要记住“绿水青山就是金山银山”的核心价值，无论是什么小细节，我们都应当想起它与大自然是环环相扣的！

评委点评

《保护生态，转化能源》一文看到了生态环境问题的严重性，并通过自己的观察给出了实际的解决方案。小作者关注国家热点事件，为祖国环境担心，观察、思考问题全面，非常难得。大自然总是和我们的生活紧紧相扣，它就如同两个齿轮，只有人们保护着大自然，大自然才会正常运转，为我们提供不断的能源。那么反过来想，如果我们只向大自然一味索取，而不爱惜它，这两个齿轮则都会停止转动。

我们的大自然

广东省深圳市龙园外语实验学校六年级二班　邢新雅

你想要去游览一碧千里的青青世界吗？你想要飞翔在碧空如洗的蔚蓝天空吗？如果想，如果愿意，就让我牵着你的手，一起坐上大自然的奇妙列车去遨游吧！

第一站，森林。瞧，那汩汩的溪流，清澈见底，是想让我重新打扮吗？看，那参天的大树，那树冠顶着蔚蓝的天空，那条条的根须立在湿润的土壤中。哎，可爱的杜鹃鸟们，你们引吭高歌的样子真帅气，你们"叽叽喳喳"地在唱着的动听歌曲，一定是森林里最优美的圆舞曲吧！

第二站，草原。那绿色的高山，仿佛是只用绿色渲染、不用墨线勾勒的中国画那样。一只只可爱的绵羊如同从天上落下的云彩。站在那绵延起伏的高山上，就像看到满山开满了雪白的棉花，探出头的羊儿们，如果不注意的话，还会被认为那是采棉花的老人们呢！

第三站，海洋。这些可爱的热带鱼儿们与海豚们一起舞蹈。十余米长的海带，成了这些小鱼儿们的栖息之地。小丑鱼们与海葵们做伴，时而"游来游去"，时而"坐地不起"着耍赖皮呢！一幅安详的景象，一场壮观的景色。

这美丽的大自然中，有着多少美丽景色？人们啊，住手吧，让这美丽的景色永远留在世界上吧。

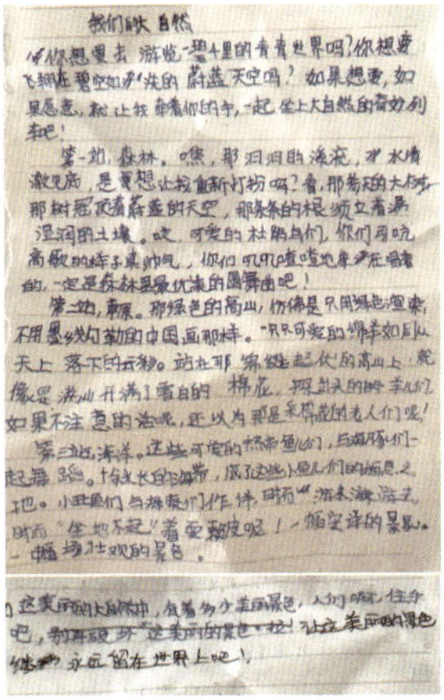
我们的大自然

你想要去游览一望千里的青青世界吗？你想要飞翔在碧空如洗的蔚蓝天空吗？如果想要，如果愿意，就让我牵着你的手，一起坐上大自然的奇妙列车吧！

第一站，森林。噢，那涓涓的溪流，那水清澈见底，是要想让我重新打扮吗？看，那高耸的大树，那树冠顶着蔚蓝的天空，那条条的根须立着湿润的土壤。哎，可爱的杜鹃鸟们，你们引吭高歌的样子真帅气，你们叽叽喳喳地在唱着的，一定是森林里最优美的圆舞曲吧！

第二站，草原。那绿色的高山，仿佛是只用绿色渲染，不用墨线勾勒的中国画那样。一只只可爱的绵羊如同从天上落下的云彩。站在那连绵起伏的高山上，就像是满山开满了雪白的棉花。探出头的羊儿们如果不注意的话呢，还以为那是采棉花的老人们呢！

第三站，海洋。这些可爱的热带鱼们，与海豚们一起舞蹈。长长的海带，成了这些鱼儿们的栖息之地。小丑鱼们与海葵们作伴，时而“游来游去”，时而“坐也不起”着耍顽皮呢！一幅安详的景象。一幅幅壮观的景色。

这美丽的大自然中，有着多少美丽景色，人们啊，住手吧，~~别再破坏这美丽的景色啦！~~让这美丽的景色永远留在世界上吧！

评委点评

《我们的大自然》把大自然分成森林、草原、海洋三个部分介绍给读者，这正是我们自然保护的重点领域，文章的想象合情合理，通过生动、形象的语言描述，使读者身临其境，也反映出小作者对自然的了解，在自然环境方面做了很多功课。

湿地探秘

江苏省苏州市高新区狮山实验小学四年级五班　马云帆

"五月晚风多清凉，轻轻吹我脸上……"哪儿传来的这优美的歌声？原来是我们四年级五班"观鸟社"的同学们正坐在太湖湿地公园的小船上，触景生情唱出这美妙的歌声啊！5月5日上午，细雨蒙蒙，我们四年级五班"观鸟社"的22名同学相聚在了美丽的太湖国家湿地公园，开始了我们社团的第一次观鸟活动。

我们首先坐船来到了湿地公园的科教中心，老师为我们详细介绍了有关鸟类的知识和望远镜的使用方法。紧接着，我们在老师的带领下走进湿地，近距离观察鸟儿的活动。这个季节是湿地最美的季节，一路上都是绿油油的草，五彩的小花，还有各种叫不出名字的水生植物，让人心旷神怡。正当我们陶醉在这美丽的景色中时，老师突然指着芦苇丛中说"快看那儿！"我马上拿起望远镜沿着老师手指的方向望去，果然看见一只像小鸭子一样的水鸟，它有白色的眼圈、暗红的脑袋，萌萌的，很可爱。老师说它叫"小䴙（pì）䴘（tī）"，是苏州很常见的一种水鸟，还是一个潜水冠军呢。其他同学也有收获，有的看见了喜鹊，有的发现了绿头鸭，还有的遇见了小翠（翠鸟），刘冠希甚至还看到了一只在水里洗澡的麻雀。

观察完鸟的活动，我们还有一个重要的任务，帮鸟儿们搭建水上家园——人工浮岛。老师取来一些芦竹，并把我们分成四组分头开工。我们在老师的指导下，先把六根芦竹摆成"田"字形，用塑料扎带把每个交叉点扎紧，然后再用芦竹拼成一个"X"字形把浮岛加固。最后，我们把四个组的人工浮岛连在了一起，组成一个巨大的人工浮岛。老师说这些芦竹放到水里后就会逐渐生根，长出茂密的枝条，为鸟儿们提供一个安全的家。

在活动中我还了解到，苏州的湿地资源十分丰富，全市共有384个湖泊和21084条河流，湿地面积占总面积的三分之一。湿地是许多生物赖以生存的场所，也是众多鸟类迁徙、栖息、繁殖的理想环境。湿地不仅是鸟儿的家园，也是人类重要的环境资本之一。湿地具有丰富的生物资源，还有巨大的环境调节能力，湿地在调节气候、降解污染物、保护生物多样性等方面发挥了重要作用。湿地如此重要，我们要更加珍惜湿地，不能随意捕杀湿地的动物，不能往湿地中排放污水，要呼吁人们都来关心湿地、保护湿地，让湿地把我们的地球装点得更加美丽。

不知不觉半天的活动就要结束了，虽然不时下着小雨，但是同学们的兴致都很高，我们不仅认识了很多鸟，还学到了很多保护湿地的知识，以后我们要更加爱护我们的环境，做一个“环保小达人”！

评委点评

《湿地探秘》描写了老师和同学们的一次户外自然课堂，这场课堂被叙述得生动具体，真实有趣，人物栩栩如生，跃然纸上，还可看出小作者非常认真地聆听了老师的讲解，对国家湿地公园的观察也细致入微，勤动脑，爱自然。这是一篇优秀的课下作业。

探仙湖森林

广东省深圳市鹏兴实验学校六年级四班　李浦铭

十月，一个秋高气爽的月份。悄悄地，秋来了，正如她也将悄悄离去。于是，我决定走访森林公园仙湖景区，体会秋的气息。

秋天的空气中流动的是一种带着凉意的风，干燥而清爽。我轻轻漫步在林间，迎面和我撞了个满怀的微风让我感到十分惬意。风不拘一格地吹，刮得枯叶落英缤纷，一个接一个排着队翩翩起舞。整个世界变得虚幻了，像是在下一场金黄色的雨，给地面铺上了一层厚厚的地毯。我踮起脚，轻轻移开落叶，看到了许多即将腐烂成为肥料的叶子，还有刚掉不久的绿叶。这其中蕴含着多少生命延续和轮回的道理啊！

“天上人间”那片草地依然如旧，还是生意盎然。草尖已经微微枯黄，却依然倔强地挺直了腰。哟！不经意中我居然发现了一簇没见过的花丛。金黄的花瓣依然迎风招展，让我想到一句诗：“故乡篱下菊，今日几花开。”虽然我不知这是不是菊花，但还是为她的傲气感到吃惊。

早晨九点，阳光照在脸上，温暖但不热。从间还残留着露珠，晶莹透明而又五光十色。它折射着绿树红花和阳光的颜色，让花丛显得五彩缤纷。我用手蘸起一滴露珠，它像在对我微笑，又像在凝视着我，我从它的眼神中看到了最纯洁的自己。

美无处不在，世界不缺美，只缺少发现。每一个不起眼的事物都可能蕴含着人生的大哲理，生老病死和生命轮回都是自然的现象，没什么可害怕的，抱有一种敬畏的态度坦然面对就好了。

“日光斜照集灵台，红树花迎晓露开”，坐在山林间看旭日东升一定是天底下最美好的事情，可惜能看到那美好一瞬间的时候也挺罕见了。我回首望着仙湖想了想，带着满怀的好心情回家了。

评委点评

小作者笔下的秋天，美得令人动容，美得引人思考。虽然是一篇写景文章，但非常有思想性，小作者以诗人化的语言、哲人的眼光给大自然量体裁衣。整篇文章犹如一幅充满清新明快的画卷，趣味十足，自然而不做作，反映了小作者高超的语言驾驭能力、厚实的心智和敏锐的灵光。精美的语言、严谨的结构、深刻的思辨、广博的见识，无不令人赏心悦目。

春天的西湖

广东省深圳市龙园外语实验学校五年级三班　郝好；指导老师：易华荣

在我的印象中，最美的湖还是数春天的西湖。

晴日里，灿烂的阳光照射下，西湖的湖面水波荡漾，闪烁着粼粼的金光。一阵春风拂过，湖面漾起了一道道金色波纹，好像许多块黄金藏在湖底。这时来了一群小朋友，他们好像正站在湖边寻找湖底的黄金呢！

在春雨绵绵的早晨，湖面迷蒙一片，若隐若现，仿佛披上了一层薄薄的轻纱。一只只小船行驶在这美丽的西湖上，游客三五成群，在一个个小亭子里，驻足观赏美景。那种朦胧中透出的一种静谧，别有一番情趣！

西湖的水，清澈见底，犹如一面蔚蓝色的铜镜。因为天空是那么的蓝，倒映在了水里。湖里还有些许小鱼、小乌龟，它们在水中游得自由自在，真羡慕它们有那么大一个舒适优美的家，忍不住也想能和它们一样，自由自在、无忧无虑地四处玩耍，那该多好啊！

西湖岸边种满了我最喜欢的柳树，个个挺立得笔直，就像一位身材苗条、亭亭玉立的漂亮小姑娘。最惹人喜爱的，是它那一头葱绿的长发，迎着徐徐的清风，面带笑容，轻抚着游客们，让人心驰神往。柳树姑娘真是西湖美景的点睛之笔啊！

看到这样的美景，如幻如梦，我

不禁吟起苏轼的那首《饮湖上初晴后雨》：“水光潋滟晴方好，山色空蒙雨亦奇。欲把西湖比西子，淡妆浓抹总相宜。”

评委点评

春游西湖，碧波荡漾。作者以身临其境之心情描述了西湖“上有天堂，下有西湖”之美景。写景抒情，犹如回家一般。

美丽的姑娘——西双版纳

山东省烟台开发区第九小学四年级一班　唐嘉欣

有一首柔情肆意的小诗，被神笔刻写在祖国的西南边陲：
她优雅似水，从不刻意争着谁的宠爱；
她古朴纯净，宛如一个江南女子清新淡雅；
她风情万种，总给人留下深刻印象；
她有个美丽的名字，
她叫西双版纳。

有一首动人心弦的歌曲，化作神曲唱响在祖国的西南边陲：
她婉转低吟，总像是在和你诉说她的故事；
她热情豪放，总像个迷人的女子；
她有个迷人的名字，
她叫西双版纳。

朦朦胧胧，如泣如歌是她，
柔情似水，温文儒雅是她，
善良大方，可爱温婉是她，
她是那么的美丽。

美得干脆纯净；
美得让人流连忘返；
美得让人如痴如醉；
她就像块美丽的绿宝石，
闪闪发光。
美丽的西双版纳，
美丽的姑娘……

评委点评

作者用夸张的手法把西双版纳描绘成一个美丽的姑娘，充分表达了孩子对大自然的好奇心和清澈无瑕的童心。诗中表现西双版纳风景宜人的迷人场景，作者见景生情般地倾诉自己对西双版纳自然风景的喜爱和对版纳姑娘由衷的诗情画意，让读者如临其境，如痴如醉。

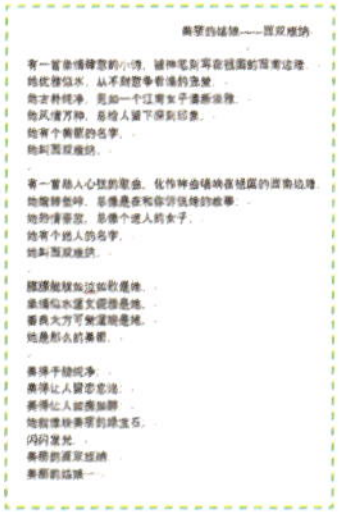

夏游镜泊湖

黑龙江省牡丹江市立新小学四年级六班　颜宇阳

清晨在半梦半醒之间，晨曦的第一缕阳光透过窗纱映入我的眼帘，辗转身来，稍作清醒，就听得窗外饮晨露的虫鸣蛙叫此起彼伏，声声入耳，这才意识到我已告别了家乡，远离了城市的宣泄与嘈杂，正处在5A景区的镜泊小镇。

吃完早餐，看着玻璃窗外尚带水珠的绿草，随风摇曳的绿树，还有那掺杂其间的各种颜色的花，出去走一走的兴致便全然被激发出来，于是我便带着我的小伞欣然起行。

打开门，一阵湿润，清新的空气迎面而来，抚摸着我的面颊，此刻虽是盛夏时节，我却感觉有一丝丝凉意。我感觉到了每一个健康有活力的氧离子都经过我的鼻子、咽喉，进入到我的肺里，再运送到我全身，让我的身体变得更轻盈，更有力量。沥青铺成的小道蜿蜒曲折淹没在厚实的草甸中，消失在远方。若非刻意避让，我的鞋和裤腿定会被草上的露水沾湿，陶渊明先生那句“道狭草木长，夕露沾我衣”便涌上心头。

远方草树交接处，一层薄雾笼罩，不知何处的鸟儿发出几声啼叫，叫声响彻整

个林子，空荡回响，良久方散。我闭上眼睛，张开双臂，让阳光披散在我身上，微风拂过我的身躯，用心去感受这一切：这山水，这鸟鸣，这沁人心脾的空气，我的灵魂已游荡在天际，飘在白云间，如痴，如醉，如梦……

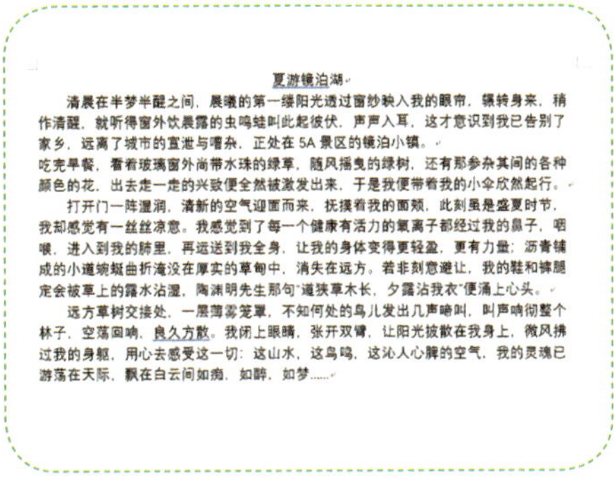

夏游镜泊湖

清晨在半梦半醒之间，晨曦的第一缕阳光透过窗纱映入我的眼帘，辗转身来，稍作清醒，就听得窗外饮晨露的虫鸣蛙叫此起彼伏，声声入耳，这才意识到我已告别了家乡，远离了城市的宣泄与嘈杂，正处在 5A 景区的镜泊小镇。

吃完早餐，看着玻璃窗外尚带水珠的绿草，随风摇曳的绿树，还有那参杂其间的各种颜色的花，出去走一走的兴致便全然被激发出来，于是我便带着我的小伞欣然起行。

打开门一阵湿润，清新的空气迎面而来，抚摸着我的面颊，此刻虽是盛夏时节，我却感觉有一丝丝凉意。我感觉到了每一个健康有活力的氧离子都经过我的鼻子，咽喉，进入到我的肺里，再运送到我全身，让我的身体变得更轻盈，更有力量；沥青铺成的小道蜿蜒曲折淹没在厚实的草甸中，消失在远方。若非刻意避让，我的鞋和裤腿定会被草上的露水沾湿，陶渊明先生那句"道狭草木长，夕露沾我衣"便涌上心头。

远方草树交接处，一层薄雾笼罩，不知何处的鸟儿发出几声啼叫，叫声响彻整个林子，空荡回响，良久方散。我闭上眼睛，张开双臂，让阳光披散在我身上，微风拂过我的身躯，用心去感受这一切：这山水，这鸟鸣，这沁人心脾的空气，我的灵魂已游荡在天际，飘在白云间如痴，如醉，如梦……

评委点评

小作者并没有直接描绘镜泊湖的美景，而是用清新的笔调写出了自己置身于镜泊湖的那种人景合一，让读者感受到了镜泊湖的宁静之美。

鸟的乐园

广东省深圳市龙园外语实验学校五年级一班　郝梓琪

红树林海滨生态公园是我去过最美的鸟的乐园。

这天，爸爸妈妈答应我去红树林玩。一路上，我发挥了自己对红树林的全部猜想，比如：红树林是不是红色的？那里有没有游乐场？

过了一会儿，我们来到了红树林公园，先走到一片草地上坐下来休息。放眼望去，一片无边无际的大海出现在眼前，周围环绕着一座座碧绿的高山。远处，我能隐隐约约看到香港的高楼大厦。

休息了一会儿，我们顺着绿岛来到海滩边，看见一群群穿着银色战衣的小鱼随着海浪涌来涌去。突然，一只海鸟从天而降，它那尖尖的嘴巴往水里一扎，飞快地叼起一条鱼，开始享用自己的美食。它的嘴巴是黑色的，脑袋旁边有两束羽冠，一身雪白的羽毛，还有一双黄色的脚。这时候，它转过头来看着我，好像在和我打招呼，我非常喜欢它。

爸爸告诉我，这种鸟叫白鹭，他说喜欢的话带我去观鸟台看个够！于是，我和爸爸妈妈来到观鸟台，爸爸还拿出望远镜给我。我看见了一群群各种各样、大大小小、五彩斑斓的鸟。有黑色的、白色的、黄色的、红色的，还有黑白相间的、红白相间的……多得让我目不暇接。它们有的站在树枝上唱歌；有的三两只挤在一起说悄悄话；有的在树枝间飞上飞下，像是在跳

舞；还有一些伸出翅膀，像是在和观众打招呼……我一下子眼花缭乱，非常开心。

我对爸爸说：“我想变成一只鸟儿，在这里快乐地生活！”爸爸笑着说：“只要我们保护好它们的家园，就能一直和它们生活在一起！”

评委点评

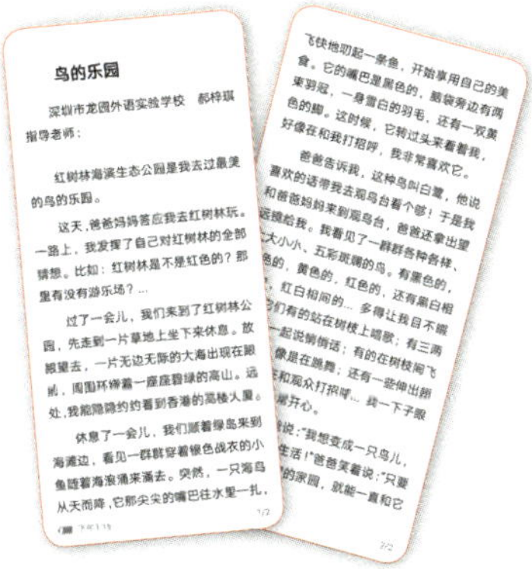

鸟的乐园

深圳市龙园外语实验学校　郝梓琪

指导老师：

红树林海滨生态公园是我去过最美的鸟的乐园。

这天，爸爸妈妈答应我去红树林玩。一路上，我发挥了自己对红树林的全部猜想。比如：红树林是不是红色的？那里有没有游乐场？…

过了一会儿，我们来到了红树林公园，先走到一片草地上坐下来休息。放眼望去，一片无边无际的大海出现在眼前，周围环绕着一座座碧绿的高山。远处，我能隐隐约约看到香港的高楼大厦。

休息了一会儿，我们顺着绿岛来到海滩边，看见一群群穿着银色战衣的小鱼随着海浪涌来涌去。突然，一只海鸟从天而降，它那尖尖的嘴巴往水里一扎，

1/2

飞快地叼起一条鱼，开始享用自己的美食。它的嘴巴是黑色的，脑袋旁边有两束羽冠，一身雪白的羽毛，还有一双黄色的脚。这时候，它转过头来看着我，好像在和我打招呼，我非常喜欢它。

爸爸告诉我，这种鸟叫白鹭，他说喜欢的话带我去观鸟台看个够！于是我和爸爸妈妈来到观鸟台，爸爸还拿出望远镜给我。我看见了一群群各种各样、大大小小、五彩斑斓的鸟。有黑色的，色的，黄色的，红色的，还有黑白相，红白相间的… 多得让我目不暇它们有的站在树枝上唱歌；有三两一起说悄悄话；有的在树枝间飞像是在跳舞；还有一些伸出翅在和观众打招呼… 我一下子眼常开心。

说：“我想变成一只鸟儿，生活！”爸爸笑着说：“只要的家园，就能一直和它

2/2

《鸟的乐园》描写了自然保护中极为重要的物种——红树林，作者对红树林中的生态环境观察细致入微，可以看出对鸟类和自然抱持着极大的兴趣，文笔也流畅熟练，通过自己的描写，向大家介绍了有趣生动的红树林公园，使人心向神往，非常难得。

叶　子

广东省深圳市龙园外语实验学校六年级A班　许君泽

叶子有很多种，但我却偏偏喜爱银杏、红枫和松柏的叶子。

我走在一条小路上，远远地便看见了一把把金黄的小“扇子”挂在树上，我猜一定是银杏先生为了迎接秋姑娘特地换了一身鎏金的外衣。看！小小的叶子发出亮亮的金光，叶片随着叶柄逐渐张开，好似是一张大自然给予我们的明信片。这明信片还散发着淡淡的香味呢！啊，银杏的叶子是清雅的！

我继续往前走，站在松柏树下，它的青翠使我停下脚步驻足痴望。怪不得人们都说“几年苍翠在仙家，一旦枝枯类海槎。”松柏的叶子像一根根绣花针，秋姑娘一定是用它来绣出这一幅硕果累累、瓜果飘香的金色丰收图。它的叶子虽不及银杏叶精致，没有芭蕉叶霸气，但却有它自己独特的魅力。啊，松柏的叶子是纯朴的！

我再往前走，远远地便瞧见了一个“大火团”，真不明白它到底是跳进了染缸里，还是见到秋姑娘害羞得连脸都红了。它红得是那么彻底，找不到一丝的绿色。难怪连大诗人杜牧都有这样的感叹："停车坐爱枫林晚，霜叶红于二月花。"啊，红枫的叶子是热情似火的！

我爱大自然中这些多姿多彩的叶子。

评委点评

作者通过对叶子的描写，表达出对自然的强烈热爱。在爱自然中热爱生活，引经据典，文字灵动，本文是一篇对自然热爱的好文章。

华山游记

四川省成都市树德小学五年级三班　杨惠媛

只有天在上，更无山与齐。

——寇准

今年暑假，我去了奇险天下第一山——华山。我站在北峰山脚下，抬头望着这座奇险无比的山，着实吓了一跳，浑身不由自主地像筛糠似的哆嗦，说话都不利索，看看身后的妈妈，想打退堂鼓又怕被嘲笑，谁叫我还没看到这座山时，还没感受到它的“险”时，坚决不让妈妈买缆车票，说要靠我这“11”路公交车的呢？我现在才感受到“不听老人言，吃亏在眼前”的“严重”后果了。

我就这样踩着蚂蚁上山了（因为害怕）。走到半山腰，突然发现一个年近古稀的老爷爷，我起初并不在意，以为只是个旅客罢了，可当我坐下时，那老爷爷却好像凭空消失了，无影无踪。当我追随其上，走到一小卖部时，正看见那爷爷穿着一双发黄的布鞋，胡须头发皆白，有着一双长寿眉，将身旁的东西放在身边，坐在那柳树边的石头上，眯着眼睛，吹着他那支大烟斗。我一看，这不是课文里所说的挑山工吗？怪不得走得那么快。

几个时辰后，我站在了山顶。云雾围绕，这不，又看到那爷爷了，他正盘着腿，数着手里那一张张被汗水浸湿的血汗钱，我看着那爷爷，心里翻江倒

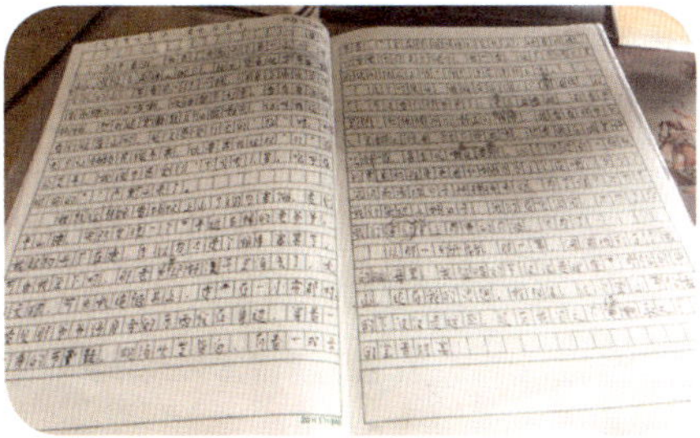

海，很不是滋味，想着我在城里好吃好喝，甚至还嚷着要这要那，从不想下那一张张崭新的钞票是爸爸和妈妈多少个夜晚，多少个风风雨雨的日子拼搏换来的，为了谁？只为了我们能过上好日子。他们省吃俭用，只为了给我们穿上更好的衣服，只为了……

从那一刻开始，那一幕深深地刻在了我的脑海里，我征服的不仅仅是这座奇险的华山，还有我的思想。我相信，这次登山带给我的不仅仅是这些，还有我用之不竭，取之不尽的宝贵财富！

评委点评

华山以险而闻名，小作者用自己独特的视角，巧妙突出一个“险”。文笔流畅，用词恰当，运用大量对人物和形态的描写，让文章融入了人与景的完美结合，是一篇自然感受和体验的好文章。

美丽的火烧云

广东省深圳市龙园外语实验学校四年级三班　唐瑞蔓

黄昏时分，我在山脚边的河塘旁观看晚霞，忽然被天空所罕见的奇景陶醉。

只见一面火红似丹的大圆镜，把天空照得绯红，红得像一炉燃烧的煤，红得像一片盛开的红玫瑰，有几只"小绵羊"想戏弄一下夕阳，立即就被套上了"紧箍咒"，任凭它们怎么淘气，还是乖乖地随着红球西沉。

突然，有几条"黑蝌蚪"游过来，跃入红海中，刹那间摇身一变，披上了一件红外衣，红外衣上又点缀着点点金光。很快，这"黑蝌蚪"又被一堵微红泛黄的围墙包围起来，只见围墙里闪烁着青的、蓝的、紫的、绿的、火红的、金黄的光彩，就像一个聚宝盆，好像里面有取之不尽的金银财宝、珍珠玛瑙似的。

看！聚宝盆的上方，又有一番美丽的壮景。那一团簇拥的金黄色的云彩，犹如黄河的源头，云中间那隐隐约约的线条，透着银灰色，泛着枣红光，像九天倒挂下来的白练，真有"黄河之水天上来，奔流到海不复回"之感。

天空就像一位神奇的魔术师，一会变出淡紫色的手帕，一会变出红色的玫瑰花，一会变出了洁白的鸽子。

我爱夜晚丰富的色彩，晚霞给我带来童话般的享受，真是美丽无比！

评委点评

火烧云是指日出或日落时出现的赤色云霞，是大气变化的现象之一。火烧云属于低云类。太阳刚刚出来的时候，或者傍晚太阳快要落山的时候，天边的云彩常常是通红的一片，像火烧的一样，所以叫火烧云。

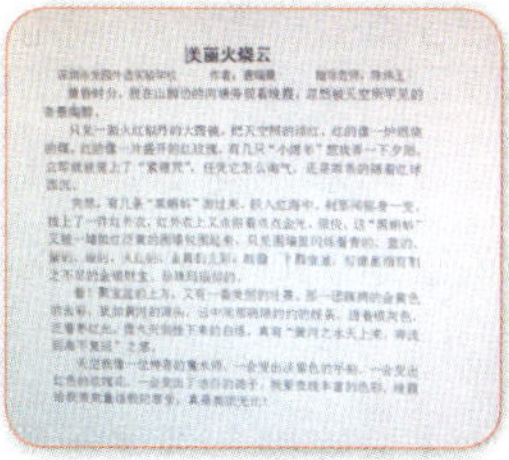
美丽火烧云

很多人都对火烧云这一自然景观进行过描述，本文作者突出火烧云色彩的红彤彤，也突出了火烧云预示着天气暖热、雨量丰沛、生物生长繁茂、蓬勃的时期即将到来。

美丽景色背后的艰辛

山西省晋城市陵川县城南友谊小学五年级三班　靳博皓

今天阳光明媚，万里无云，令我心旷神怡。学校组织我们去世外桃源般的锡崖沟，风景如画的王莽岭和围棋的发源地——棋子山旅游。

先来说说王莽岭吧。王莽岭是南太行的最高峰，风光秀丽，景色诱人。这里的日出、云海、挂壁公路等突出了王莽岭的特色。毛泽东生前的秘书、当代诗坛领袖李锐畅游景区后称赞道："不登王莽岭，岂识太行山。天下奇峰聚，何须五岳攀。"站在王莽岭的山顶往下俯瞰，高山穿过了云层，有一种腾云驾雾、飘飘欲仙的感觉。

再来说说锡崖沟吧。站在雄伟的瀑布面前，感觉自己就像一滴水，十分渺小。雄伟的瀑布可以用"飞流直下三千尺，疑是银河落九天"来形容。瀑布上空出现了彩虹，好像是在迎接我们的到来。还有锡崖沟的大悬崖。一眼望不到边，好像把锡崖沟与世隔绝。

最后说说围棋的发源地——棋子山吧。棋子山有美丽的森林公园，还有国家级的保护动物。比如，金钱豹、熊、猫头鹰，等等。可谁曾想过，这么美丽的地方，之前竟然是一座秃山，荒无人烟。人们为了脱贫致富，就带两千余人在这里安营扎寨，植树造林。

就因这样才有了“一山精神”。如果不是他们忘我的劳动，哪来今天这么美丽的棋子山！这都是几代人辛苦劳动的杰作啊！

多栽一棵树，就多增添一片新绿。亿万棵树连起来就染绿了祖国美丽的版图。今天栽下绿色的希望，明天早晨看见参天的大树，叫风沙乖乖低头，让百鸟翩翩起舞。如果没有树，就没有我们今天的美丽生活；如果没有树，地球就是一片荒漠；如果没有树，哪来这么美丽的世界！因为有了树，我们的生活才变得更加美丽；因为有了树，地球变成了一片绿洲；因为有了树就有了这般美丽的世界！树的重要性很大。因此，让我们从现在开始就去植树吧！

评委点评

小作者在观赏美景时，体会到对自然的向往，更突出美好景色背后的艰辛过程，文章突出了珍爱自然、珍爱生活，并将二者有机地结合在一起。

家乡的美景

广东省深圳市龙园外语实验学校四年级四班　薛羽涵

我的家乡风景优美，物产丰富，是个可爱的地方。今天，我作为小导游，带你们去参观一下我的家乡——河南南阳的四季美景。

春天，万物复苏，树木吐出新的枝芽，花儿朵朵开放，小草探出了顽皮的小脑袋。这时，我们要去卧龙岗瞧一瞧，卧龙岗是以前诸葛亮的住所，卧龙岗中的武侯祠是所有诸葛亮祠庙中建立最早、规模最大、保护最为完整的武侯祠，收录有岳飞亲笔书写的《出师表》石刻。

夏天，白河水库成了孩子们避暑的好去处。你看，他们在水中嬉闹着，一会儿打水仗，一会儿扎猛子摸鱼，玩得十分开心。水库里的鱼，因为没有污染，味道十分鲜美，你们一定要去尝一尝哦！

秋天，树叶随风飘落，道路两旁铺上了一层金色的地毯。人民公园的菊花绽开了笑脸：有黄的、白的、绿的、紫的……秋姑娘把黄色给了银杏树，把红色给了枫树，银杏树叶扇走了夏天的炎热，枫叶邮来了秋天的凉爽。

冬天，雪花纷飞，白雪皑皑，大地铺上了一层银装。人们在雪景中拍照、滑雪、堆雪人、打雪仗……玩累了，大家聚在一起，吃上

一顿热气腾腾的火锅，保证让你从内到外都暖和起来了。

啊！这就是我的家乡，不同的四季，不同的美丽。淳朴善良的人们靠双手创造了更美好的明天，我爱这迷人、令人自豪的家乡！

评委点评

家乡是记忆，更是乡愁。一草一木，是大自然对家乡的馈赠。文章用词相对简约，感情真实和自然，表达了对家乡的热爱。

周洛大峡谷

湖南省长沙市天心区青园小学六年级二班　吴润东

在五年级的暑假里，我与妈妈和她的几位同学，去了周洛大峡谷游玩。周洛大峡谷位于湖南省浏阳市，是一个天然的大峡谷。

我们一行七人检票进入了大门。首先映入眼帘的就是一条宽三十米的湖泊，两三艘木船正缓慢地行驶在湖面上。我高兴得一蹦三尺高，“噔”的一声，猛地跳上了一条岸边的船，恨不得马上开船起航。不一会儿，船开始航行起来，我这才开始注意起两旁的景色。湖泊的左右两边生长着密密麻麻的竹林，高高的竹竿就像忠诚的卫士一样把小湖围了起来。斑驳的阳光透过竹叶的缝隙照射在湖面上，碧绿的湖水闪着金色的光芒。一阵微风迎面吹来，湖面泛起阵阵涟漪。清新的微风，湿润的空气，翠绿的美景，顿时使人感到心旷神怡。

耳边忽然响起“哗哗”的流水声，我循声看去，湖泊的尽头原来是一座小瀑布。顺着瀑布往下流的地方有一座石桥，桥下站着两只大白鹅。清凉的水从峡谷顶部倾泻而下，在积水较多的地方，不少小朋友正在给自己宝贝的水枪灌水。下船后，我迫不及待地加入了他们的行列。不少游人已经在水中嬉戏，我与两位叔叔也一同脱了鞋，走进了冰凉的溪涧中寻找夏天。清澈干净的溪水没过脚踝缓缓流动着，让人忍不住提脚往更深处探寻，生怕错过这一丝丝凉意。上岸后，我情不自禁大喊了一声：“爽！”

周洛大峡谷虽然不像“飞流直下三千尺，疑是银河落九天”的庐山瀑布那么气势磅礴，但是却也有自己的独特韵味。涓涓细流，巍巍青山，袅袅白云，像少女的浅吟低唱，像画师的笔墨山水，遮蔽了一切，带给人们一片纯净和祥和。我爱这样的溪水，我爱这样的小涧，更爱这样的大峡谷。

评委点评

对大自然的爱，是在于深入其中发现其中的美丽。作者通过对心中美景的浏览，表达了对自然的热爱。

美丽的亚龙湾

广东省深圳市龙园外语实验学校四年级B班　郑欣妍

海南岛是一个美丽的地方，它拥有金黄的沙滩、葱郁的森林、蔚蓝的大海。海南岛最美的海滩当属亚龙湾。

晴天，亚龙湾一片生机，金灿灿的阳光点缀在海面上，随着海风拂过，海面上漾起波纹，显得波光粼粼。

那无数金黄的沙子堆积成柔软的金色沙滩。沙滩温暖、舒服，仿佛是那汹涌的大海画出的一条金黄的港湾，沙滩上遍地是欢歌笑语，让人感受到一种前所未有的自在。

雨天，亚龙湾一片朦胧。时淡时浓的雾覆盖了海面、沙滩、椰树……雨天中，亚龙湾的新面庞，那么神秘，那么迷人！

沿着海滩，向尽头望去，是一片碧绿。听说，那是一片槟榔林，里面有上百棵槟榔树，要是我们在里面，就相当于蚂蚁一般渺小！那里有很多种槟榔树：有红如石榴的红槟榔，苍翠欲滴的绿槟榔，还有有剧毒的假槟榔……各式各样，品种百出。

我迷恋你呀，我赞叹你呀，亚龙湾！这美丽迷人的亚龙湾！

评委点评

文字简单，朴实无华，却表达出对自然美好生活的向往和热爱。

与众不同的海

山东省东营市实验小学五年级十班　张奕菲

也许大家认为，所有的海都一个样。但青岛的海真的与众不同，也许独一无二。

清晨，温暖的阳光轻轻抚摸着海面，给波涛镶上了金边。那海面，美如仙境。当然，所有的海都是如此。可是当万物一同清醒，开始努力工作，奇迹便发生了。

手绘青岛五色海，金边早已无影无踪，海面非常平静。仔细一看，海面竟然发生了颜色的变化！瞧，最远处是深蓝，经过一个中间色，到浅绿，近一点是蓝绿色，接下来是深绿，最近的地方是橄榄绿。我被这奇迹惊住了，静静欣赏。

青岛的海，每一时都不一样。近正午，海面更像一个冷色系专属调色盘，颜色异常丰富，什么墨蓝、深蓝、浅蓝、湖蓝、蓝绿、深绿、浅绿、橄榄绿、翠绿……它都有，还有许多叫不上名字的颜色。每一块颜色都很鲜明，却又互相融合在一起，仿佛能把人吸进去。这海面，哪怕只看一眼，也会使人印象深刻，不禁感叹："这能与仙境媲美！"

下午，从海景宾馆向远处眺望，青岛的海就像一块蓝宝石，却要比蓝宝石深奥得多。那蓝，深而莫测，有一股非常神秘的气息，再加上岸边成片碧绿的树，神秘的蓝，浓浓的绿，构成了一幅美丽的图画。

青岛的海，一时有一时的美，谁也说不好何时为最佳。

后记：在青岛海边玩沙时，我突然发现一个白色的东西，挖出来一看，原来是一个塑料废弃物，仔细看海面上，也有些许垃圾，希望人们在欣赏美景的同时，也不要忘记守护它的美丽。

评委点评

大海的颜色，因人而异，因心不同。小作者通过对大海的描述，特别运用了大量修辞，这是对大自然的强烈热爱，更是对美好幸福生活的向往。

美丽的深圳湾公园

广东省深圳市龙园外语实验学校　吕柏震；指导老师：陈炜玉

相信同学们都见过美丽的风景吧，我也不例外。有的人喜欢五颜六色的彩虹，有的人喜欢雄伟壮观的长城，还有的人喜欢母亲河——黄河，但我更喜欢深圳湾公园。

暑假，我们一家去深圳湾公园游玩。深圳湾公园的停车场旁边有一大片绿油油的草地，远远望去就像一张绿色的地毯，草地上有许多小花，我老远就闻到芬芳扑鼻的花香了，它们有的已经开了，有的还含苞待放，像害羞的少女。每一朵鲜花都像在选美似的，争奇斗艳、芬芳迷人，一朵比一朵灿烂，一朵比一朵美丽，一朵有一朵的姿势，在鲜花上有一群蝴蝶在翩翩起舞。

深圳湾公园旁边是无边无际的大海，那里有一条通往香港的大桥，桥上的车辆来来往往、川流不息，夜晚灯光闪烁，像一条金光闪闪的长河，我仿佛看见了香港的高楼大厦，看见了迪士尼乐园。

太阳是个画家，把深圳湾公园染红了一大半，海和天连在了一起，海水在太阳的照射下显得波光粼粼，像无数个星星在闪烁。海面有时风平浪静，有时会涨潮。涨潮时，潮水原先像一条白线，那条白线很快地向我们移来，逐渐拉长、变粗，犹如千万匹凶猛的狮子，浩浩荡荡地飞奔而来，那声音在我耳边久久回落。浪潮过后，这时的大海烟波浩渺，涟漪微荡，好像披着轻纱的少女在那里轻歌曼舞。我们经常去岸上捉小鱼、小虾和小螃蟹。白鹭在天上飞，有时排成一个“人”字，有时排成一个“一”字。海鸥在海面上自由自在地飞翔，它们就像在海面上弹琴，又快又轻巧，别提有多快乐了。

深圳湾公园还是一个骑自行车的好地方。我们在鹅卵石上骑自行车，下坡的时候，因为速度太快了，所以我和我的自行车一起冲进了叶丛，真好玩。

我发现深圳湾公园不仅是风景优美的地方，空气新鲜，而且还是人们观海休闲和户外活动的好地方。我终于亲眼目睹了它的美丽，特别是涨潮时潮水的壮观景象。深圳湾公园的美，犹如一幅活灵活现的山水画，令人如痴如迷，让人流连忘返。

评委点评

《美丽的深圳湾公园》描写了深圳湾公园的日光景色，文章将所见所感写得细致入微，语言活泼明快，富有情趣，对景色的描写递进有序，非常全面，对潮水的比喻尤其令人印象深刻，可看出小作者扎实的作文功底。结尾处对家乡的热爱，对自然的赞美，也使主题得到了升华，立意完整。

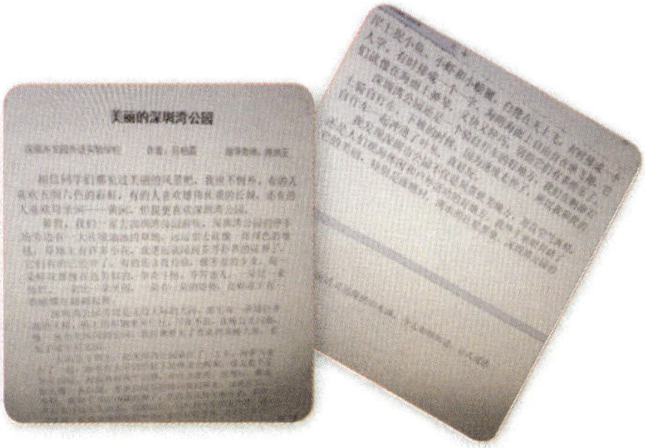
美丽的深圳湾公园

神奇的太行洪谷

山西省晋城市沁水县西关小学六年级一班　王若宁

我们驱车行驶到了目的地。一下车，我就惊呆了：太美了！两岸青山，相对而出；树木丛生，遮天蔽日；花草芬芳，香气四溢；蝴蝶翩飞，蜜蜂忙碌；众鸟相鸣，嘤嘤成韵。这些森林的小主人们无不热情地欢迎着客人的到来。湿润清新的空气里夹杂着奇花异草还有中草药的味道，那种特殊的清香令你不由得要贪婪地深深地多呼吸几口。这里真是一个天然的氧吧！

沿途两岸，尽是一些珍贵的树木：什么暴马丁香啦、葛罗城啦、南蛇藤啦、五倍子啦、五味子啦……就连这些名字都从来没有听过，更别说目睹它们的容颜了。这里还有国家三级重点保护野生植物——领春树呢！你看这些树木，有的高耸入云，直插云霄；有的虬枝盘旋，宛如蛟龙；有的枝干挺拔，玉树临风；有的破岩横出，苍劲有力；有的光滑如蜡，犹如少女；有的蜕皮皲裂，饱经沧桑……如果仔细观看它们的树叶，那就更有看头了：心形的、圆形的、掌形的、八角的、针状的……形态各异，无奇不有。这些树木可不止是有观赏价值，经济价值更高。它们的果实大多是上好的中药材，给当地老百姓带来了相当可观的经济收入。难怪老百姓们把森林保护得这么好。这森林可是一座巨大的宝库呢！

继续前行，仿佛听到了泉水击石，“泠泠”作响之声。抬头一看，只见一道白练从山腰垂悬而下，轻盈而又灵动，宛若一位少女正翩跹起舞。瀑布下方则是一潭碧绿的池水，平静而又安详，仿佛一位母亲正在静静地欣赏。这一静一动的组合相得益彰，使你对大自然这位了不起的能工巧匠不得不深深折服。池潭前面悬崖处约有一米多宽，两米多高，泉水顺势而下，流水碰撞岩石，水花调皮飞溅，在阳光的照射下，颗颗水珠变成了晶莹剔透的珍珠，溅到了游人的脸上，飞到了客人的身上，凉丝丝的，好不舒服！相信此时的你，已经情不自禁地爱上了这美丽的太行洪谷！

然而，这才仅仅是太行洪谷美丽之一角。这里共有十三潭，我们现在看到的才是第一潭和第二潭。“无限风光在险峰”，更美的景色只有勇者才能看得到。由于现在这里还在建设之中，所以还没有现成的“路”，只能靠一条绳索攀援而上。这让我想到了浙江金华双龙洞——“洞中有洞洞中泉，欲觅泉源卧小船。千尺横梁压水滴，轻舟仰卧入回溪。”那神奇的进洞方式堪称一绝，成了游玩双龙洞的一大特色。如果将来这里开发出来，避开千篇一律的索道缆车和观光车，而是就用这种独特的攀援的方式，游客们是不是更能体验到艰辛之后带来的那份喜悦呢？人们来到这大山深处，体验的不就是与众不同的大山的神韵吗？我多么希望这条独特的“绳索之路”能保留下来！

太行洪谷之所以神奇，还因为这里有神秘的地下河，有北方罕见的喀斯特溶洞，这里还是山水画鼻祖荆浩隐居的地方，真是青山绿水韵灵秀啊！太行洪谷的美丽面纱正在被渐渐地揭开，她正敞开母亲般的胸怀欢迎大家的到来。我爱太行洪谷，我更希望大家都能保护好我们美丽的大自然。

评委点评

作者从植物、泉水、双龙洞、地下河写出了太行洪谷的神奇。本文采用了比喻、排比、拟人等多种修辞方法，行文流畅、自然，不愧为一篇优秀的自然观察作品。

莫干山色

广东省深圳市龙园外语实验学校六年级二班　赵卿颐

山色在我的心中是美丽的！

春天，冰雪融化，水滴从竹林中纷纷跳下来，好似下雨，它们还“叽叽喳喳”地谈论雪的冬天。在喧嚣的水滴中，唯有那春笋和健拔的竹子是静的，那春笋在微风中挥挥手臂，好似在跟这陌生的世界招手；小溪回应了它，泉水“叮咚—叮咚”地响，为年幼无知的春笋演奏一曲小歌；枝头的小鸟也唱和着，“叽喳—叽喳”；小鱼不甘示弱，显然它们没有金嗓子，但它们想尽办法，终于跳出水面，“扑通—扑通”……一直唱到夕阳亲吻大地的时候。

夏天，大地十分炎热，唯有那山地十分清凉。青蛙在溪水中快乐地跳

来跳去，那叫一个欢乐。它们长着大眼睛、黄色的眼珠，而且拥有不同的肤色，还在落叶中捉迷藏。它们继续往山中走，运气好的时候还能看见三两野猪，顶着尖牙，啃着野菜，真是有趣极了！

金秋送爽，硕果累累。大南瓜肉嘟嘟的，好似一个新生儿。麦子也是成片成片地长。柿子、猕猴桃、梨子……它们亲手给大地裁剪出了一件金黄色的大衣。走近竹林，唯有竹林是翠绿翠绿的。俯视竹林，竹林就像一片辽阔的草原。风吹拂过来，竹子们就像一个个美丽的姑娘欢悦地跳着舞。

冬天，大雪纷飞。山，是白茫茫的一片，雪堆积在房屋上、菜地和竹林里。大地被封冻了，只有溪流还缓缓地唱着歌，这是欢迎冬天的小曲。此时，听众虽不多，但它依然唱着。走进竹林，不看雪，它们还是绿的，有的竹子力气并不大，被压得动弹不得，却就是没有折断。风来了，好似在讥笑它们，而笋芽儿，就在地下睡着，等到了春天，便出来与竹子们一起在春天跳舞……

这样的山色难道不美吗？

评委点评

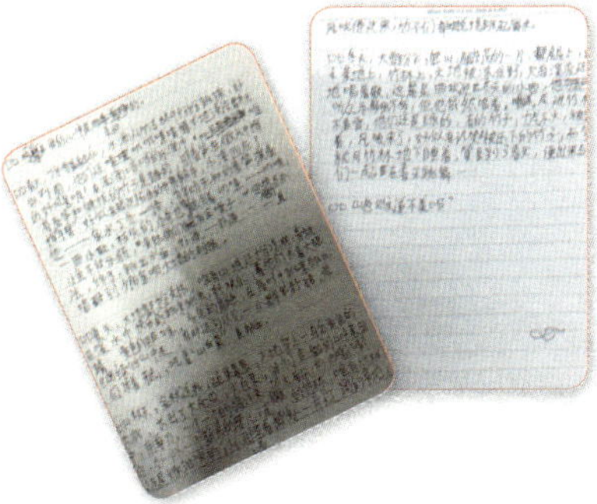

自然的美，在孩子们的心中是不一样的。文章用词恰当，景色描写与人的心境有效融合。

森林公园一日游

山西省晋城市陵川县城南友谊小学五年级三班　郭子萌

秋高气爽，晴空万里，8月24日，在老师的带领下，我们来到了风景如画的王莽岭。这儿的天瓦蓝瓦蓝的，如同一块儿散发着光芒万丈的蓝宝石。山，挺拔而起，错落有致，如同一名威武的将士。早晨，雾气随着风儿腾腾上升，弥漫山头，好似一种腾云驾雾的感觉。

站在山顶，便有一种凉丝丝的感觉。漫步在山间小路，心旷神怡，使人陶醉。

“世外桃源”锡崖沟，素有“谷中有谷，峡中套峡”之美称，悬崖峭壁，山高路险。当你在谷底向上仰望时，直冲云天的山犹如一片黑压压的云彩，给人以一种倾盆大雨即将降临的感觉。

向远处眺望，围棋源地——棋子山犹如一片绿色海洋。它一年四季在各种色彩变幻中尽展芳姿，令人赏心悦目。但在这风景如画的背后，全都是陵川人民艰苦奋斗不懈造林的人工杰作。1959年，为一举改变陵川贫瘠落后的面貌，时任县委书记的邢德勇亲率2000民兵，在荒凉干旱的棋子山安营扎寨，大搞植树造林。连续4年，组织大规模造林11次，使棋子山方圆数百里的荒山秃岭全部披上了绿装。就此，产生了“一山精神”。

多栽一棵树，就多增添一片新绿，亿万棵树连起来，就染绿了祖国美丽的版图。今天栽下绿色的

希望，明天长成参天的大树，让百鸟翩翩起舞，叫风沙乖乖低头。树，可以有效改善我们的生活条件，减缓资源流失的速度，减少噪音。一些地方不断砍伐树木，不仅仅毁了动物们的家园，还导致水土流失，造成了多种灾难。树，是人类的好伙伴，不可以轻易伤害它们。

昨天老一辈的辛勤付出，迎来了我们陵川今天的旅游胜地，吸引了许多中外游客游览观光。所以，为了地球——我们共同的母亲，全国人民行动起来吧，学习陵川人民“一山精神”，植树！植树！植树！

评委点评

作者通过一天的观察和记录，表达了对自然的崇敬；通过对自然生活的细致观察，联想到了美丽景色建设的劳动付出，达到了自然教育的效果。

新疆的雅丹、草原和森林

湖南省长沙市枫树山小学三年级六班　钟楚雨

暑假之前，妈妈就告诉我，暑假要带我和我的好朋友去新疆研学旅行。我非常期待这次新疆之行。因为爷爷的生日快到了，我想去新疆的“魔鬼城”捡一点石头送给爷爷作生日礼物，听说那里的石头很美。

到了“魔鬼城”，发现这里的土地上几乎寸草不生，干裂的土地上只有一些黄得不能再黄的草。妈妈说“魔鬼城”是雅丹地貌，这里曾经是湖泊，湖泊干涸以后被风吹成这个样子，这种地貌都是几乎寸草不生。直到后面几天我才能看到绿树红花。

到了后面的景点，我看到了好多座高山，从下到上几乎都是这样的：山脚就是河谷森林。所谓河谷森林，顾名思义，就是河谷边上的森林，山谷里流着小河，小河是高山雪水所汇。好了，再说说河谷森林以上的层次，河谷向上就到了半山腰，这里有一些低低的灌木和草，再上就只有稀稀的荒草了。如果还上去，那便是终年积雪的极寒之地了，听说只有雪莲能生存在那里。

一路上我看见了这么多景象，也学会了很多。在“魔鬼城”我没有捡石头，我不喜欢几乎没有生命的地方。我回去告诉爷爷，雅丹不是好地方，石头也留给其他小朋友看吧。希望大家一起保护环境，让那些森林和草原不要变成雅丹地貌。

评委点评

本文在对自然景色的描写中，用词恰当，内在的逻辑清楚，是一篇观察自然的优秀作品。

雨游西湖

河南省郑州市贝斯特外国语小学四年级二班　王景德

西湖，很久之前妈妈就答应我要带我去看了，因各种缘故终未能成行。和父母来看西湖，姗姗来迟，却刚好邂逅西湖的一场雨。雨中的西湖，虽然不见波光粼粼的美艳，却别有一番迷人的韵致。

出门的时候天便阴沉沉的，走到半路，终于忍不住落下雨滴，人们纷纷撑起雨伞，穿上雨衣，还有没有准备雨具的人，在雨下奔跑或者不得不在屋檐下停留避雨。雨逐渐下大了，但大雨并没有淋湿我一心与西湖相见的信念，我们冒着雨，踏过水湾，继续前进。

终于来到西湖，而雨一直下着，在湖面溅起水花，但西湖依然平静，一如既往碧波荡漾，微笑着接纳雨的到来。而湖面虽然没有晴天那么灿烂，却也并没因为乌云笼罩、阴雨连绵而黯然失色。湖面无限延展，那么辽阔，一望无际，郁郁葱葱的岛屿在烟波浩渺之中若隐若现。"移舟泊烟渚"，撑船的人推着小船在湖中缓缓漂移，向着烟雾缭绕的小岛前进，船桨在湖面漾起一道道波纹，却也无从拾起"烟波江上使人愁"的情绪，西

湖只是多了几分含蓄的意境，宛若人间仙境。而那份云雾中的静谧，有着仙人的淡定与从容，西湖依旧承载着小渚和游走的小船。

下了船，雨开始收敛，我们来到湖边漫步。湖畔的柳树犹如浴女，婀娜多姿。“万条垂下绿丝绦”，细叶上的雨水滴落下来，楚楚动人。想起白居易“最爱湖东行不足，绿杨阴里白沙堤”的逸致，感觉雨中在西湖湖畔行走也有“青箬笠，绿蓑衣，斜风细雨不须归”的情趣。

相信雨后，西湖会看见七彩的虹桥！

评委点评

充分运用动静结合的写法，并辅以比喻、拟人等手法，文章语言清新活泼，描写能抓住事物的主要特征。文章结尾运用了诗人的名句，给文章增添了些文学情趣。篇幅短小精悍，值得一读。

我与自然的亲密接触

广东省中山市民权路博爱小学三年级　黄粤桂

和煦的微风亲吻着大地，一座座高山拔地而起，鸟儿枝头齐唱，河流"哗哗"作响。看！这不正是大自然的图画吗？

青石板有我留下的脚印，田园里有我留下的身影。而此时的我在金灿灿的稻谷田中割着稻谷。我右手拿起镰刀，左手一把抓住稻谷，眼疾手快的我一刀砍了下去，只听"唰"的一声稻谷纷纷倒地。我再接再厉，又抓起第二把稻砍了下去。有一些散落的稻穗我也不管它了，照样子继续砍。我一路进军，把稻谷砍了个"片甲不留"。可在我砍过的稻谷地里散落着一根两条的稻穗，我自以为傲地对我身边的妈妈说："妈妈，你看我厉害吧。"妈妈却摇摇头说："稻谷是人类必不可少的粮食，不能这么浪费，你看你散落下来的稻穗，它们也是粮食，这些可是属于自然的馈赠，要抱着一颗感恩的心对自然表示感谢，金灿灿的稻田也是绿水青山的一部分。"听了妈妈的这句话，我把散落下的稻谷全部捡了起来，割稻谷的动作也开始变得友好，我小心翼翼地，生怕它受一点伤害。

太阳射出的光芒给了稻谷茁壮生长的魔力，让它造福人类。太阳变得温柔了，它似乎为自己创作的杰作而感到开心。这片金灿灿的稻田是大自然对我们的馈赠，看看我身后的这绿水青山图画，瞬间想到了习近平主席所说的“绿水青山就是金山银山”。人类一直寻找的金山银山不就一直在身边吗？以后我要好好地保护自然环境，为自然贡献出一份力量。大自然——我们的妈妈，我们可真的离不开您啊！

评委点评

本文通过对作者自己参加的一次农事活动的描写，表达了作者对自然生活的向往，感受着大自然妈妈对我们的关爱，是一篇思想升华的好文章。

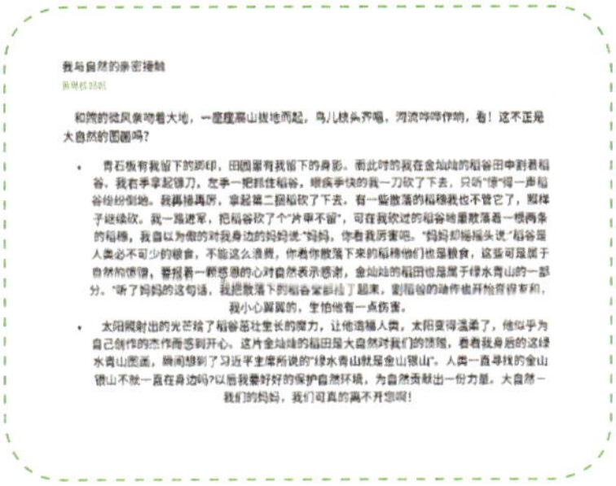
我与自然的亲密接触

和煦的微风亲吻着大地，一座座高山拔地而起，鸟儿枝头齐鸣，河流哗哗作响，看！这不正是大自然的图画吗？

- 青石板有我留下的脚印，田园里有我留下的身影。而此时的我在金灿灿的稻谷田中割着稻谷。我右手拿起镰刀，左手一把抓住稻谷，眼疾手快的我一刀砍了下去，只听“[illegible]”得一声稻谷纷纷倒地。我再接再厉，拿起第二捆稻砍了下去，有一些散落的稻穗我也不管它了，照样子继续砍。我一路进军，把稻谷砍了个“片甲不留”，可在我砍过的稻谷地里散落着一根两条的稻穗，我自以为傲的对我身边的妈妈说“妈妈，你看我厉害吧。”妈妈却摇摇头说“稻谷是人类必不可少的粮食，不能这么浪费，你看你散落下来的稻穗他们也是粮食，这些可是属于自然的馈赠，要抱着一颗感恩的心对自然表示感谢，金灿灿的稻田也是属于绿水青山的一部分。”听了妈妈的这句话，我把散落下的稻谷全部拾了起来，割稻谷的动作也开始变得[illegible]，我小心翼翼的，生怕他有一点伤害。
- 太阳照射出的光芒给了稻谷茁壮生长的魔力，让他造福人类，太阳变得温柔了，他似乎为自己创作的杰作而感到开心。这片金灿灿的稻田是大自然对我们的馈赠，看看我身后的这绿水青山图画，瞬间想到了习近平主席所说的“绿水青山就是金山银山”。人类一直寻找的金山银山不就一直在身边吗?以后我要好好的保护自然环境，为自然贡献出一份力量。大自然—我们的妈妈，我们可真的离不开您啊！

崂山之美

山东省青岛市沙子口小学四年级　孙若芊

崂山之美，四季变幻，时时不同。

春天的崂山，柔软的春雨飘落到茶园，叫醒了茶树。勤劳美丽的崂山姑娘，寻找着悄悄长出来的嫩绿的茶树叶子。暖风吹来的时候，随风飘来了沁人心脾的茶香，陶醉了勤劳的人们。

夏天的崂山，凉爽的海风吹拂着道观，洗净了炎热。山外骄阳似火，热浪袭人；山中阵阵凉爽，宛如春天。在太清宫，高耸的侧柏凌霄，开出了热闹的橙色花朵，远远望去，像是柏树开花，神奇极了。

秋天的山林，五颜六色，是一副色彩斑斓的梦幻油画。红色、紫色、橙色、黄色……像是打翻了染料瓶。在这五彩之中，小鱼儿在蓝天白云之中嬉戏——啊，原来这是洗过的天空在清澈溪水里的倒影。

冬天的山峰，银装素裹，是一片纯洁无瑕的童话世界。山顶铺满了白色，安静而平和。太阳照耀着冰雪世界，连声音都静止了。一棵棵青松穿着洁白的衬衣，面向大海整齐排列，是崂山最忠诚的伙伴。

我生活在崂山的怀抱，我爱这美丽的崂山。

评委点评

作者用简单的语言对崂山四季进行了描述，体现了对大自然的热爱。

美丽的杨梅坑

广东省深圳市龙园外语实验学校四年级一班　余柳嫣；指导老师：刘红霞

阳光、沙滩、大海，是每个人心目中最美好的向往，深圳就有一个这样美好的地方——杨梅坑。

杨梅坑的海是蓝色的，海水湛蓝湛蓝的，无边无际，从远处看，就像一颗蓝色的大宝石。每年夏天，我都要吵着去那里。那里的沙子软软的，坐在沙滩上就像坐在海绵上一样。我坐在海边，海浪扑打着我的前胸后背，就像妈妈抚摸着我；我坐在海滩上，像坐在摇篮上，在妈妈的怀抱里。

我最喜欢的事要数和爸爸一起捡贝壳。我光着脚，卷起裤子，弯着腰，寻找贝壳的踪迹。但是，找了大半天，就连贝壳影子都没有看到。这时，我想：快来几排海浪吧！把海里所有的宝贝都拿过来，给我挑选。这时，爸爸来了，我看见他一幅高兴的样子，猜想应该是捡到贝壳了。果然，正如我所想，他找到了一个"贝壳圣地"。

等我到了"贝壳圣地"之后，马上映入眼帘的就是满地的贝壳，有的像五彩缤纷的宝石，有的像人粉红的嘴巴……我在捡贝壳的时候，发现有个大岩石上有很多贝壳，也夹杂着一些小生蚝。突然，在我捡贝壳的时候，出现了

一个黑黑的小洞，惊奇的是，在那洞里竟然住着一只小螃蟹！我喜出望外，赶快告诉爸爸，把它抓起来，放到了我们小水桶里。随后，我们找到了四五只小螃蟹，其中有一只超大的。我们在回去之前，还抓了几条小鱼，观察过后，又把它们放生了。

屹立在岸边的沙滩上，向远处望去，只看见白茫茫的一片。海水和天空合为一体，分不清是水还是天。正所谓：雾锁山头山锁雾，天连水尾水连天。远处的海水，在娇艳的阳光照耀下，像片片鱼鳞铺在水面，又像顽皮的小孩不断向岸边跳跃。

夕阳西下，杨梅坑渐渐退去了色彩。阵阵海风吹拂，静静听着海浪拍打的声音，此时此刻顿觉心胸开阔。我不禁心生喜悦与感激，大自然用它的巧手造就了这么美丽的地方，这无比璀璨的海景是大自然的馈赠，是大自然赋予的快乐与美好！

评委点评

阳光、沙滩、大海，作者通过自己的亲身经历，写出了杨梅坑的美丽，文字运用恰当，突出了心境和自然美景的结合。

参观自然宣教中心

福建省福州市仓山小学四年级二班　邱嘉琳

暑假，我们参观了森林公园自然宣教中心。

在生态缸里，我们看到了生长在断木上的姿态各异的苔藓，了解了苔藓的各种作用；在植物区，我们见到了长着毛茸茸小刺的火龙果苗，制作清明果的鼠麴草，还有电视中能找到宝藏入口的彼岸花，大开了眼界；在昆虫区，我们见识了虫虫防御术，懂得了如何区分蝴蝶与飞蛾，还见到了上百种昆虫标本。

最让人惊奇的得数鸟类展区啦！在这里，我们看到了许多鸟类标本，有我们常见的家燕、麻雀，还有像猫头鹰、啄木鸟这些绘本中的主人公……

“小朋友们，你们一定听说过‘劳燕分飞’的成语吧。你们知道这个‘劳’是什么吗？”林老师说：“劳就是伯劳鸟，燕是我们常说的燕子。”她指着伯劳鸟的标本告诉我们：“别小瞧它个头不大，它可是一种凶猛的雀鸟，还会捕食其他小鸟呢！”“哇，真是鸟不可貌相！”“你瞧它炯炯的眼神，还有佐罗般的眼罩呢！”同学们发出啧啧的称奇声。

来到凤头鹰标本前，林老师难过地说：“这只凤头鹰生活在乌山，原本是一对，它们每年都会生儿育女，吸引无数的观鸟爱好者前往拍摄。今年这只凤头鹰被人用弹弓打死，就做成标本放在了这里。”

听到这里，我伤心得眼泪都快掉下来了，我们一定要爱护鸟类，让它们在大自然中快乐地生活。

评委点评

自然是孩子最好的课堂，在观察自然中热爱生活，本文突出了自然教育过程中的快乐。

山庄里的夏令营

广东省深圳市鹏兴实验学校四年级二班　朱习之；指导老师：刘薇

夏令营开始

逸林山庄，我们来啦！
起起伏伏的山林中，
鸟儿在自由地飞翔。
绿油油的草地上，
牧羊犬在调皮地撒欢，
草丛中的蛐蛐被惊得四处逃窜。

采　茶

林间的茶园里，
飘散出淡淡的清香。
哼着山歌，
迈着轻快的步伐，
开始采茶喽！
不起眼的茶尖，
成了唯一的抢手货。
鲜嫩的茶果，
小心翼翼地放进兜里留作纪念。

稻田捉鱼

“噗通，噗通”，
一双双小脚跳进稻田，
小鱼儿一下都没了踪影。
小伙伴们四处抓瞎。

教官大喊，列队横扫！
小鱼儿无路可逃，
乖乖被我们捉个正着。

田园音乐会

点燃篝火，
美妙的歌声快乐地婉转。
一根根细细的竹竿，
编成快乐的竹竿舞。
星星月亮很好奇，
蟋蟀青蛙也来凑热闹。
突然树枝不摇了，
蟋蟀不叫了，
所有的生灵安静下来，
看着我们跳舞。
一场小小的音乐会，
充满了大自然的气息，
让夜空不再寂寞。

夏令营结束

当我刚来到夏令营的那天，
我不知道什么是团结？
当夏令营结束时，
我感受到对小伙伴的难舍。
各种各样的活动，
有各种各样的乐趣。
稻田捉鱼靠团队，
田园音乐有欢乐。
茶园采茶神清气爽，
田间摘菜满头大汗。
在大自然的怀抱里，
我们体验着多姿多彩的生活，
无比快乐！

评委点评

本文采用诗歌体裁描述了夏令营，表达了作者对大自然的爱。作者在对自然的生活和体验中，提升了自己的境界。

五彩的八大关

山东省青岛市沙子口小学五年级　王小涵

一场秋雨一场寒，随着一场场飘飘洒洒的秋雨，秋姑娘的脚步近了。

今天，天高云淡，爸爸妈妈带着我来到了八大关，我兴奋得手舞足蹈。一下地铁，我就看到一幅五彩的长卷在我面前展开：碧桃树撑起了翠绿色的“伞”；五角枫和银杏树还穿着翡翠色的“衣服”享受着夏天残留的暖意，仿佛在为一场色彩的比赛积蓄力量，一个将会变得红似火焰，一个将会变得黄如日光；成排的雪松，像穿着墨绿色军装的战士，守卫在道路两旁；正阳关路上盛开的紫薇花深浅不一，这儿一丛，那儿一簇，在万绿丛中显得格外鲜艳；参天的白桦树林里传来小鸟儿清脆的叫声，仿佛是在为这美丽的画卷歌唱……

再往前走，我看到了一片蔚蓝的大海。海风吹拂，在太阳的映照下，海面上泛起了粼粼的波光。远处海天一色，分不清哪里是海，哪里是天；近处金色的沙滩和湛蓝的大海中间，是一道道卷起的白色海浪，大海的魔力推着它由远及近，直至消失在沙滩上。我在沙滩上堆了一个大大的城堡，城堡外面有山有海，有小河有鲜花，可漂亮了！

太阳渐渐西沉，我们要回家了。临走前，我恋恋不舍地看了看这片五彩的景色，真像一颗海上的明珠，美不胜收。

评委点评

本文作者善于观察生活，采用游记的方式，敏锐地捕捉一个个完美的时刻，发现自然的美。

大理的眼睛——洱海

北京市东城区和平里第四小学六年级三班　孙一涵

2018年暑假，我终于来到了向往已久的大理。

刚下飞机，"像保护眼睛一样保护洱海，像保护生命一样保护环境""坚决打赢洱海治理保护战"的标语映入眼帘。导游欣喜地告诉我们，2015年习主席立此存照，提出"让苍山不墨千秋，洱海无弦万古琴"自然美景永驻人间的号召。于是临洱海15米以内的上千家客栈被拆除了，所有街道修建排污管道……广大民众都积极响应政府号召，保护美丽的家园。

如今经过治理的洱海，美过任何一片海。那面朝大海，春暖花开的诗句，仿佛是为它量身而作的。风平浪静时，它宛如一颗绿色宝石澄澈剔透；微风拂过后，海面上波光粼粼，金色的浪花起舞跳跃。泛舟洱海上，捧一捧透明、清凉的湖水，洒向无边无际的天空，感受海风带来的清凉，心情无比舒畅。坐在洱海边，我一次次看远处的苍山，

近处的碧水，看天空中棉花糖一样飘过的白云，看雨后彩虹掩映下火把节美丽的烟火，畅想着对美好未来的向往，我如醉如痴。

这一次旅行，我深深地爱上了大理的眼睛——洱海，它的美丽使我深刻感受到保护环境的重要。我决心做一个自然保护小卫士，保护环境，从现在做起！让我们保护美丽的洱海，保护美丽的家园，一起展望祖国更好的明天！

大理的眼睛——洱海

和平里四小六年级3班 孙一涵

2018年暑假，我终于来到了向往已久的大理。

刚下飞机，“像保护眼睛一样保护洱海，像保护生命一样保护环境”、“坚决打赢洱海治理保护战”的标语映入眼帘。导游欣喜地告诉我们，2015年习主席立此存照，提出“让苍山不墨千秋，洱海无弦万古琴”自然美景永驻人间的号召。于是临洱海15米以内的上千家客栈拆除了，所有街道修建排污管道……广大民众都积极响应政府号召，保护美丽的家园。

如今经过治理的洱海，美过任何一片海。那面朝大海，春暖花开的诗句，仿佛是为它量身而作的。风平浪静时，它宛如一颗绿色宝石澄澈剔透；微风拂过后，海面上波光粼粼，金色的浪花起舞跳跃。泛舟洱海上，捧一捧透明、清凉的湖水，洒向无边无际的天空，感受海风带来的清凉，心情无比舒畅。坐在洱海边，我一次次看远处的苍山，近处的碧水，看天空中棉花糖一样飘过的白云，看雨后彩虹掩映下火把节美丽的烟火，畅想着对美好未来的向往，我如醉如痴。

这一次旅行，我深深地爱上了大理的眼睛——洱海，它的美丽使我深刻感受到保护环境的重要。我决心做一个自然保护小卫士，保护环境，从现在做起！让我们保护美丽的洱海，保护美丽的家园，一起展望祖国更好的明天！

评委点评

在作者的眼中洱海的美美在它的浪花、它的湖水，美过任何一片海。作者通过自然体验，增强了自己的环保意识和对自然的爱，并决定用自己的实际行动保护环境。

一次有意义的自然教育课

中国教育科学研究院朝阳实验学校六年级八班　冯梦晴

今天我们来到美丽的蒲公英开心农场，走进大门，只见各种各样的果树挂满了红红绿绿的果实，有苹果、海棠、枣儿……道路两边五颜六色的花朵争相开放，还有漂亮的木头房子。你一定会问这是哪里？这就是坐落于北京延庆区的蒲公英开心农场。

这里有巍峨的高山，森林十分茂密，每一棵小树都在茁壮成长。这里有宽阔的运动场地，崭新的运动设施，我和同学们还玩了CS，高空拓展，我们都很喜欢这里。我们今天要在这里参加自然教育森林露营季活动，我感到无比自豪。

森林是我们国家重要的组成部分，每一次走进大自然，我都会感到十分愉快。这里与城市不一样，没有高楼大厦，没有汽车尾气，没有嘈杂的环境，但是这里有挺拔的大树，有清新的空气，有清澈的河水，有可爱的小动物们和好多有趣的自然现象，每一次我们都能在森林里学习到新的知识，拥有新的收获，这是我们在学校里学不到的。今天我们还在老师和家长的带领下，认识了海棠的种类，

苹果的品种，还有各种各样的花朵和不同种类的虫子，探索大自然的奥秘，体验大自然的神奇，我们每个人都非常激动。

以后我们要把在自然教育中学习到的知识运用到生活中去，争取做一名德、智、体、美、劳全面发展的好孩子，希望更多的小朋友有机会走进大自然，感受大自然的奥秘和乐趣，学习到更多的知识。

评委点评

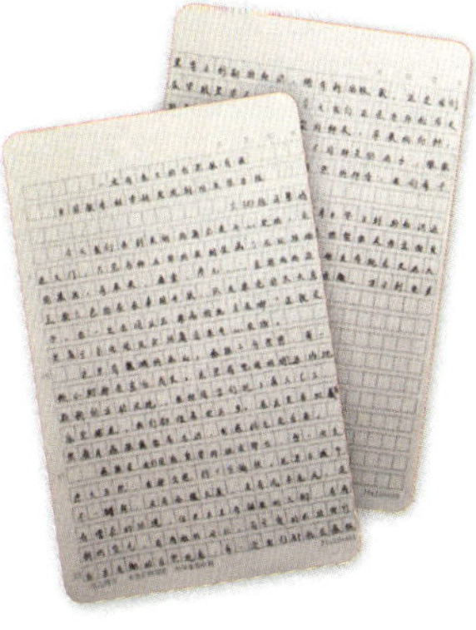

作者采用了作比较的方法，对比了森林与城市的不同，写出了自己在蒲公英开心农场的真实感受，不愧为一篇佳作。

美丽的崂山

山东省青岛市沙子口小学四年级　王理德

崂山是海上第一名山，是著名的风景旅游区。

崂山位于山东省青岛市东部，古代又曾称牢山、劳山、鳌山等。它是山东半岛的主要山脉，崂山的主峰名为“巨峰”，又称“崂顶”，海拔1132.7米，是中国海岸线第一高峰，有着“海上第一名山”之称。当地有一句古语说:“泰山虽云高，不如东海崂。”

假期里，在秋高气爽、阳光明媚的日子里，我和家人又准备去爬崂山。今天我们要去的是崂山仰口。坐在旅游大巴上，崂山像一幅美丽的画卷展现在我们面前。崂山的海真蓝啊，远远望去，看不出哪儿是海，哪儿是天。崂山的山真奇啊，奇峰罗列，形态万千，像老人，像大象，像骆驼……崂山的山真险啊，石头歪七扭八，好像一不小心就掉下来。这样的山，这样的海，令人陶醉。

我们兴高采烈地来到仰口，带着一身的汗水爬上了威武雄踞的狮子峰，一阵微风吹过，凉风习习。站在狮子峰上，南面是一望无际的大海，遥看浪头托起层层浪花，远远望去好美呀！狮子峰的后面是一座座大山和一片片郁郁葱葱的松树。半山腰上云雾蒙蒙的，好似神仙入住的仙境，层层的梯田种满了茶树，这就是我们的特产——崂山茶。

此山、此景让人陶醉，顿时感觉爬山时的累和生活中的烦恼全都抛到了九霄云外。

崂山的景点很多，有太清宫、龙潭瀑、狮子峰、崂顶，还有北九水。这里不仅空气清新、环境优美，还有自然形成的美景。来到这里总有一种车在山中行，人在画中游，让人心旷神怡的感觉。虽然我来过崂山很多次，但那美不胜收的美景总也看不够。

我喜欢崂山，我爱我的家乡。

评委点评

注意观察具体事物，并展开适宜的想象，这是本文的成功之处。文章融情于景，边绘景边抒情，善于运用打比方的手法，生动具体。

走进松山

黑龙江省牡丹江市江南实验小学三年级一班　王云生

走进松山的森林中，你会突然发现这里的一切都是那么的安静：就像是在这里探险一样，生怕惊动了野兽；在高空中踩钢丝一样，不敢发出一点动静。抬头仰望蓝天白云，在青山绿水下，自己仿佛是一只小蝴蝶。

在松山的森林里，抬头仰望天空，你会看到这里处处绿树成阴，透过树枝的缝隙还能感受到阳光的爱抚。这里的一切都是那么的美好。美丽的鲜花遍地都是，争相开放。它们不像温室里的鲜花一样娇生惯养，它们不惧风吹雨打，依旧绽放自己的光彩。

大家都觉得大树挺拔，风寒中依旧坚强地屹立在那，却很少会有人关心树下的小草是不是也坚强地立在风雨中。不经历风雨，怎么能见到彩虹？一颗颗小草、一朵朵野花，都能承受住风雨，那么我们呢？又有什么理由说不坚强呢？对我们身边的小花、小蚂蚁、蝴蝶来说，它们都是我们要学习的榜样。小花经过了雨水的洗礼，绽放出美丽的花朵；小蚂蚁会团结一致运送食物、搭建自己的巢穴；毛毛虫需要经历重重困难，最终才会变成美

丽的蝴蝶。

走进松山的森林，感受大自然的魅力，感受不一样的世界，发现不一样的乐趣。

评委点评

语言虽然并不华丽，却极为准确生动，情感丰富而真实，读来津津有味，构思巧妙。通过仔细观察，采用合适语言，把松山绘声绘色地描述了出来，文章虽短但不显单调，语言通俗但不失风趣。

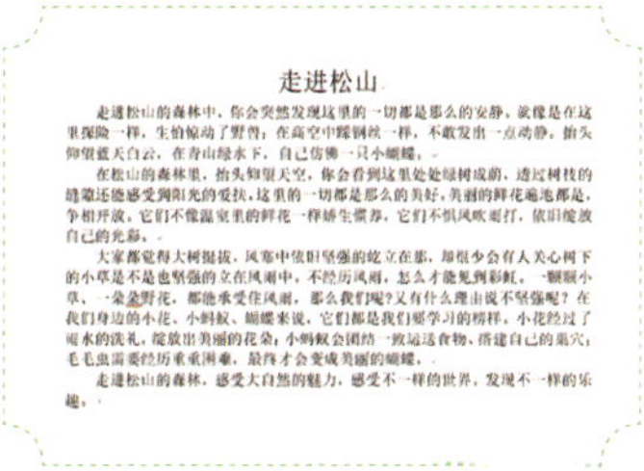

走进松山

走进松山的森林中，你会突然发现这里的一切都是那么的安静，就像是在这里探险一样，生怕惊动了野兽；在高空中踩钢丝一样，不敢发出一点动静。抬头仰望蓝天白云，在青山绿水下，自己仿佛一只小蝴蝶。

在松山的森林里，抬头仰望天空，你会看到这里处处绿树成荫，透过树枝的缝隙还能感受到阳光的爱抚，这里的一切都是那么的美好，美丽的鲜花遍地都是，争相开放，它们不像温室里的鲜花一样娇生惯养，它们不惧风吹雨打，依旧绽放自己的光彩。

大家都觉得大树挺拔，风雨中依旧坚强的屹立在那，却很少会有人关心树下的小草是不是也坚强的立在风雨中，不经历风雨，怎么才能见到彩虹。一颗颗小草、一朵朵野花，都能承受住风雨，那么我们呢？又有什么理由说不坚强呢？在我们身边的小花、小蚂蚁、蝴蝶来说，它们都是我们要学习的榜样。小花经过了雨水的洗礼，绽放出美丽的花朵；小蚂蚁会团结一致运送食物、搭建自己的巢穴，毛毛虫需要经历重重困难，最终才会变成美丽的蝴蝶。

走进松山的森林，感受大自然的魅力，感受不一样的世界，发现不一样的乐趣。

绿水青山雁荡情

浙江省杭州市绿城育华桃花源学校六年级一班　周云龙

温州雁荡山是我的家乡。它分为南雁和北雁。虽然很多人说北雁的风景比南雁略胜一筹，可我却偏偏钟爱南雁。

南雁山上，住着一群孤儿。他们在山的寺庙里读书、学习、生活。每天看望他们的爱心人士络绎不绝。

今年的暑假，我起了个大早，又来到了雁荡山。带着捐款、水和面包，向着飞龙般的山梯拾级而上。前面一群白发老人起得比我早，他们相互搀扶，抬步艰难，可信心十足，笑声朗朗。我很快赶上了他们，他们见我兴致勃勃地赶路，就说："小朋友，你先走吧！"我边向爷爷道了谢，边小心地继续朝前走。

呼吸着山中清新的空气，我不时地连走带奔。阶梯两旁的山花在向我挥手，鸟儿也在飞翔着歌唱。终于，我登上山峰，拿出省了一年的零花钱，直奔捐款箱。庙里的阿姨告诉我，老师带着寺庙里的孤儿去游玩了。虽没见着他们，可我依旧心情愉悦。清晨的山上，云雾缭绕。初升的太阳像一位羞答答的少年，只从云雾中露出个红脸。朝阳初起，万山如洗，苍空如水，心也如水洗过一样，洁净清亮。

晨风轻拂过我的脸庞，山中林木滋润，每一叶，每一草，都绿得醉人，那种绿恍若能滴出汁来。欣赏着眼前的无限风光，体会着诗人“一览众山小”的气度，想着生活在这里的孤儿，他们还会孤独吗？

这时，山路那里一下子热闹起来了，原来是那群爷爷也登上了山顶。我好奇地打量着他们，只见他们也涌到捐款箱前。他们一个接一个地刚捐完，后面又来了一群外宾，他们竟然也来捐款。无限的风光，无限的爱心，奏成了一曲壮美的人与自然结合的乐曲。看着门前的对联“万人舍万人施万人爱惜缘孤儿，十方来十方去十方来院做好事。”我陶醉其中。

青山绿水，林间飞鸟。夕阳西下，我们轻轻挥别，挥别这儿的山，这里的水，挥别这儿的一草一木。南雁让我留恋的美，岂止这一山一水？还有那远道而来的游人，以及那寺院里传来的朗朗书声。

评委点评

作者以景抒情，以人串景，点面结合，使文章生动具体、详略得当。

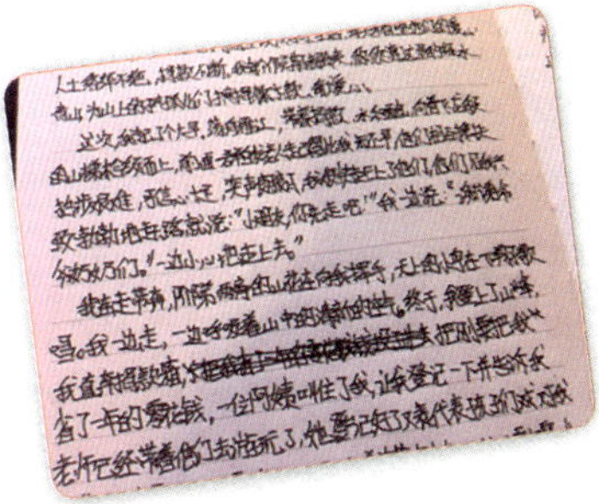

保护自然，人人有责

黑龙江省牡丹江市江南实验小学三年级八班　邢辰睿

春天来了，大地上的万物开始苏醒，到处是一片片生机勃勃的景象。在田野里，花儿绽开了；在森林里，我和小鸟一起追逐。

几十年前人们都在这种生活中度过，但大自然渐渐让人变得再没有了以前的样子。平时，我们经常看到花草树木上的垃圾，粘在地上的口香糖，随意乱写乱画，这些都让人觉得特别脏，特别恶心。

去年夏天和爸爸妈妈出去游玩，在凤凰山上看到了好多吐掉的口香糖，那些口香糖已经干了，到处黑乎乎一块，污染了环境，看着一点都不美观，自然保护区没有得到保护，这些都是人类做的。

老师曾经教导过，没有大自然便没有人类，大自然正在遭受破坏，真

不敢想象我们如果再这样继续下去，这个世界将会是一幅怎样的惨景呢？地上寸草不生，天空到处是沙尘，人类曾经属于过地球，但地球将永远不会属于人类了。

人类啊，觉醒吧！让我们一起都来关爱自然，热爱自然。保护地球，人人有责！

评委点评

结尾恰到好处地点明中心，语言朴实，含义深刻，耐人寻味。结构简洁合理，真实感强，立体感强，可读性强，以敏锐的社会观察力，反映现实生活的现状，献计献策，读后能从中受到教育。

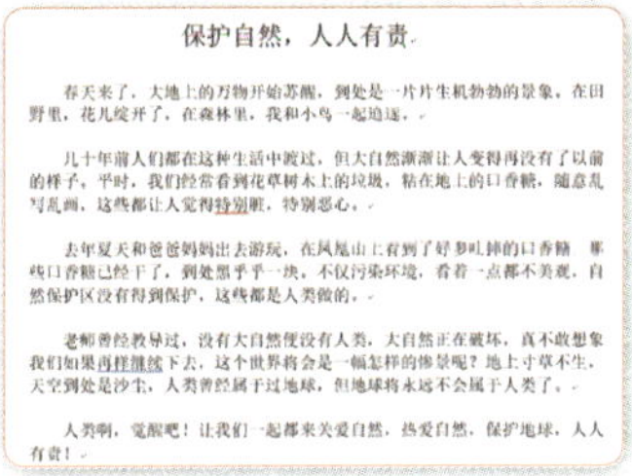
保护自然，人人有责

春天来了，大地上的万物开始苏醒，到处是一片片生机勃勃的景象，在田野里，花儿绽开了，在森林里，我和小鸟一起追逐。

几十年前人们都在这种生活中渡过，但大自然渐渐让人变得再没有了以前的样子，平时，我们经常看到花草树木上的垃圾，粘在地上的口香糖，随意乱写乱画，这些都让人觉得特别脏，特别恶心。

去年夏天和爸爸妈妈出去游玩，在凤凰山上看到了好多吐掉的口香糖，那些口香糖已经干了，到处黑乎乎一块，不仅污染环境，看着一点都不美观，自然保护区没有得到保护，这些都是人类做的。

老师曾经教导过，没有大自然便没有人类，大自然正在破坏，真不敢想象我们如果再样继续下去，这个世界将会是一幅怎样的惨景呢？地上寸草不生，天空到处是沙尘，人类曾经属于过地球，但地球将永远不会属于人类了。

人类啊，觉醒吧！让我们一起都来关爱自然，热爱自然，保护地球，人人有责！

大自然是我的好朋友

山东省济南市春晖小学四年级三班　李雨芊

我家门前有座可爱的小山，它高高低低，错落有致，满山郁郁葱葱的松柏像一幅水墨画。它曾经是爸爸儿时的游乐场，捉蛐蛐、捕蝴蝶……如今又是它把我带进了大自然，成为我的自然百科全书，教我用眼睛去看大自然，用心去感受大自然。

走进大自然，仿佛爱丽丝跌入兔子洞来到了她的仙境，周围的钢筋混凝土森林在魔法中消失了，出现在我们身边的是树林里小鸟的叫声、花丛中飞舞的蝴蝶、雨点的沙沙声……湛蓝的天空里还粘着几块棉花糖呢！温暖的阳光洒落，好像妈妈的手轻轻柔柔地抚过我们的脸庞。清澈的小河，在蓝天白云的倒映下，变成了一条美丽的蓝丝带。一群小鱼游过来嬉戏打闹，在水面上激起一片片雪白的浪花。小鸟在树上跳来跳去，用清脆的歌声，把荷叶上的小青蛙、树叶下的小昆虫召集在一起，跟岸边的小草、小花、小树一起开热闹的森林音乐会。和煦的阳光下，我们也不能缺席哟，儿童散学归来早，忙趁东风放纸鸢。

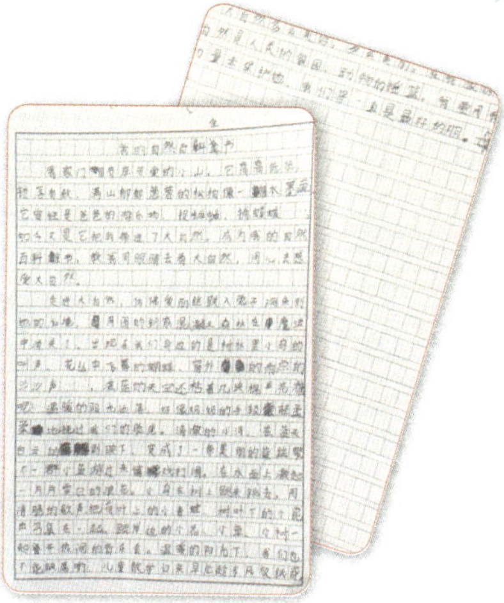

大自然多么美好，多么美丽。在我的眼睛里，大自然是人类的家园，动物的摇篮。我要用我的力量去保护她，我们将一直是最好的朋友。

评委点评

作者将大自然比喻成爱丽丝梦游的仙境，语言清新活泼，篇幅短小精悍，蕴含着朴素而深刻的哲理。

感恩大自然

黑龙江省牡丹江市立新小学五年级四班　石晗歌

大自然，我们的母亲，一位美丽而又可爱的妈妈。我们，是她宠爱着的儿女。是她哺育了我们人类，她为了我们的幸福，正在无私地奉献着，默默地付出着。

仰望天空，成群的小鸟正在天空中自由自在地飞翔。看看脚下，忙碌的小蚂蚁正在努力地运送食物回家。放眼四周，农民伯伯在田里辛苦劳作；同学们在学校读书。院子里，一只小狗在草坪上打滚儿……这些可爱的小生命给我们的生活增加了许多的欢乐。这美好的一切，难道不是大自然妈妈给我们的吗？千百年前，大自然给予我们珍贵的水、土地、矿产、森林和食物等，让我们在地球上生活。

那么我们将如何报答大自然呢？我想保护就是最大的感恩。保护环境应从我们身边的小事做起，在学校用水处写着："小手洗洗净，龙头关关好"，在路灯处提醒："人走灯熄"，在草地旁温馨提示："小草怕疼，请勿踩踏"以增强环保意识。其次，我们上街买菜，少用塑料袋，要节约用纸。外出吃饭尽量少用一次性餐具等。

感谢大自然，让我们拥有一个

幸福美好的家园。让我们携起手来保护地球，保护我们的家园。

评委点评

本文将大自然比喻成妈妈，从欣赏大自然到想到保护大自然，语言流畅，行文舒展自如，称得上是一篇成功之作。

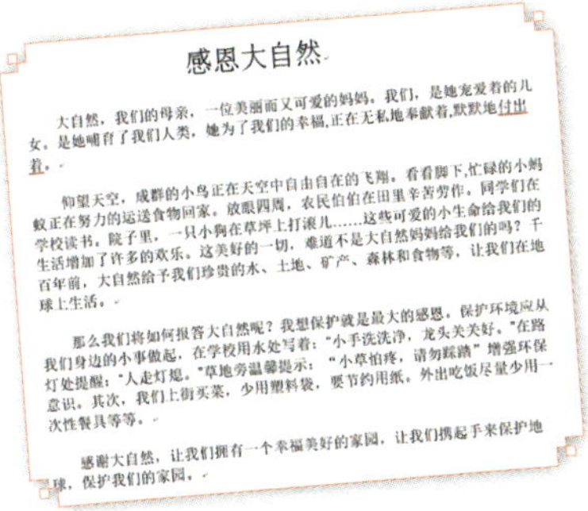

感恩大自然

大自然，我们的母亲，一位美丽而又可爱的妈妈。我们，是她宠爱着的儿女，是她哺育了我们人类，她为了我们的幸福,正在无私地奉献着,默默地付出着。

仰望天空，成群的小鸟正在天空中自由自在的飞翔。看看脚下,忙碌的小蚂蚁正在努力的运送食物回家。放眼四周，农民伯伯在田里辛苦劳作，同学们在学校读书。院子里，一只小狗在草坪上打滚儿……这些可爱的小生命给我们的生活增加了许多的欢乐。这美好的一切，难道不是大自然妈妈给我们的吗？千百年前，大自然给予我们珍贵的水、土地、矿产、森林和食物等，让我们在地球上生活。

那么我们将如何报答大自然呢？我想保护就是最大的感恩。保护环境应从我们身边的小事做起，在学校用水处写着："小手洗洗净，龙头关关好。"在路灯处提醒："人走灯熄。"草地旁温馨提示："小草怕疼，请勿踩踏"增强环保意识。其次，我们上街买菜，少用塑料袋，要节约用纸。外出吃饭尽量少用一次性餐具等等。

感谢大自然，让我们拥有一个幸福美好的家园，让我们携起手来保护地球，保护我们的家园。

九月秋微凉

北京市芳草地国际学校民族校区二年级二班　于子涵

回家的路上，夜晚老机车马达的轰隆声伴着秋风在耳旁演绎鼓噪的和鸣，蛙虫在初秋用残存的生命力迸发出的啼鸣不闻丝毫，视界越发漆黑安静。飞蛾、蚊虫沿着灯光靠近，寻求温暖，不想只是瞬间的光亮……

九月的傍晚，温度像挂上了秤砣，沉得很快，白日里蒸腾的水汽此刻以墒埂上日渐枯黄的草木为原核液化，挂在枝叶的边沿，像女巫的水晶球，掩映着未来。雾气朦胧，黄昏氤氲的阳光下，金黄的稻穗在微风中思考，像智者，儒雅、谦逊。

"一声梧叶一声秋，一点芭蕉一点愁。"

无意寻觅秋意，但倚窗远望，倾泻满目，浸染心扉。

九月的秋意，朦胧。阳光升落的清晨傍晚，她无声潜入，也会于日光焦躁的午间悄然遁隐，像知羞草，感受着光热的丝毫变化。

一岁并不漫长，但三百六十五日的等待终究还是忘了与秋邂逅的感觉。在稻穗金黄的田墒，在杨叶纷飞的路旁，总是有点手足无措，显得慌张。

微寒的九月翼翼，但较之春日的姹紫嫣红，她美得纯粹、自然，少了雕饰，靠近她，无需慎微、慎行。

季节更替，在岁月的渡口。银杏金黄，桂花飘香。这一站，又是世间最美的季节，写满思念，镌刻着收获的味道。

评委点评

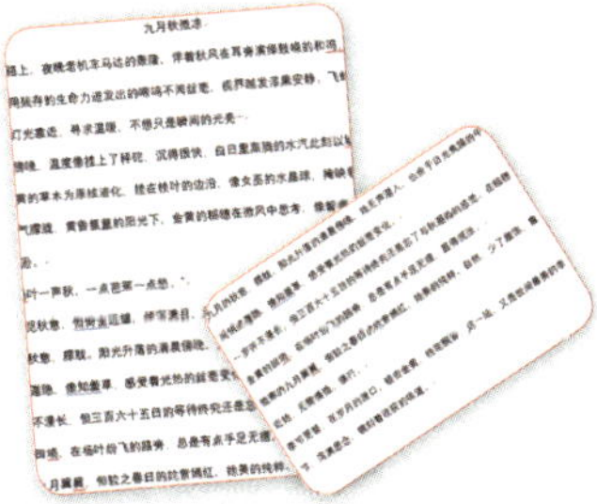

文章融情于景，边绘景边抒情，善于运用拟人的手法，使文章生动具体。语言新颖、清爽，内容丰富，结构独特合理，使文章的主题自然而然升华到了较高的境界。

风光旖旎的茅兰沟

黑龙江省牡丹江市先锋小学一年级二班　王奕泽

今年暑假，我们一家去了位于黑龙江宜春市的旅游风景区——茅兰沟。

茅兰沟在北国边陲的嘉荫县，与俄罗斯一江之隔，虽地处偏远，但景色宜人，处处景色无不独具特色，美不胜收，随意游览，都会让人陶醉其中，流连忘返。

茅兰沟国家森林地质公园，是地壳变迁的褶皱断裂而形成的构造深谷。大自然的鬼斧神工塑造了这里丰富多样的地形面貌，集山奇、水秀、林茂、潭幽、瀑美于一体。谷深近百米，涧深林茂、山峰嶙峋，石壁巍峨，碧玉如带。谷底林阴蔽日，水流百曲，石静苔深。著名的景观有野鸽峰、仙女池、茅兰瀑布、黑龙潭等。

茅兰沟满溪浪花，景色天成。盛夏，绿树繁阴，林海如潮，白桦起舞，松涛拍浪，令人赏心悦目。在这里我们能够欣赏到从未见过的丰富树种和奇树，尽情地吮吸大森林中富含负离子的新鲜空气。

这就是风光旖旎、美不胜收的茅兰沟自然风景区。虽然，它不能与名山大川做比较，但它那别具特色的奇峰秀水，却使人耳目一新、难以忘怀。

评委点评

文章首尾呼应，语句简练，点明主题，写作思路清晰，描写生动，文笔优美，恰当地对景色进行了描写，使人有身临其境的感觉，也使作者喜爱茅兰沟的思想感情表露得更为自然充分。

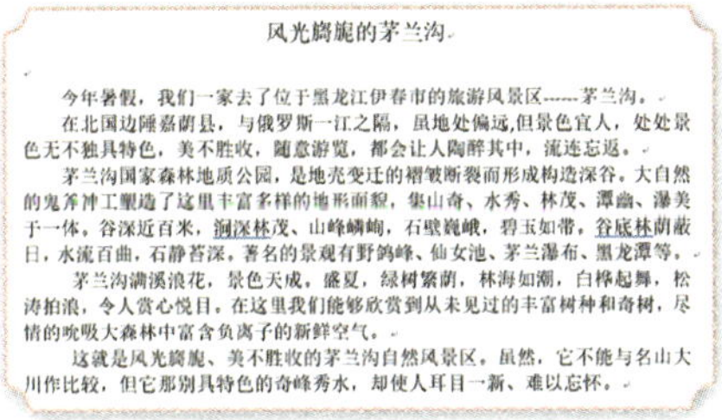

风光旖旎的茅兰沟

今年暑假，我们一家去了位于黑龙江伊春市的旅游风景区------茅兰沟。

在北国边陲嘉荫县，与俄罗斯一江之隔，虽地处偏远,但景色宜人，处处景色无不独具特色，美不胜收，随意游览，都会让人陶醉其中，流连忘返。

茅兰沟国家森林地质公园，是地壳变迁的褶皱断裂而形成构造深谷。大自然的鬼斧神工塑造了这里丰富多样的地形面貌，集山奇、水秀、林茂、潭幽、瀑美于一体。谷深近百米，涧深林茂、山峰嶙峋，石壁巍峨，碧玉如带，谷底林荫蔽日，水流百曲，石静苔深，著名的景观有野鸽峰、仙女池、茅兰瀑布、黑龙潭等。

茅兰沟满溪浪花，景色天成，盛夏，绿树繁荫，林海如潮，白桦起舞，松涛拍浪，令人赏心悦目。在这里我们能够欣赏到从未见过的丰富树种和奇树，尽情的吮吸大森林中富含负离子的新鲜空气。

这就是风光旖旎、美不胜收的茅兰沟自然风景区。虽然，它不能与名山大川作比较，但它那别具特色的奇峰秀水，却使人耳目一新、难以忘怀。

泰山的水，泰山的树

广东省广州市广东生态工程职业学院附属小学一年级一班　吴斯蒙

今年考试成绩不错，英语、语文、数学都考了100分，老师表扬了我，我也很开心。爸爸和妈妈说带我和弟弟去泰山玩，爸妈的母校——山东农业大学就在那里，他们在那里读的大学。我们先看了学校的风景、同学和老师，又去了景点。人多的地方没去，去了人少的地方。

我们去了黑龙潭和红门，那里可好看了，水很清，能看到水里的小

鱼，还有别的。树也很高，很绿，水也很凉，很舒服。水可以喝，我们还带回了一瓶，周边有花有草。我第一个跑到小溪边，一不小心坐到了水里，衣服都湿透了，可好玩了。爸妈帮我把衣服拧干放在石头上晒太阳，一会就干了。我们捡了很多石头，有的像人脸，有的像动物，有圆的，有扁的，好看极了。爸妈告诉我，现在漂亮的泰山风光是祖祖辈辈很多人保护下来的，种了很多树，不能砍树，花了很多心血。景点来之不易，因此我们要爱护自然。

评委点评

本文通过一次游玩，写出了童真童趣，语言朴实、自然。作者从美景想到了美景来之不易，突出了爱护自然的主题。

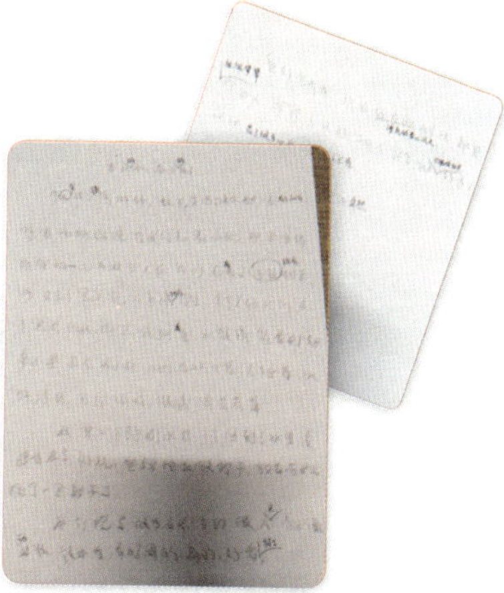

牡丹江——我永远的家园

黑龙江省牡丹江市立新小学六年九班　田高昂

朋友，你可感叹牡丹江的神奇，你可感受牡丹江的壮观，你可感慨牡丹江的古老，你可感动牡丹江的超前。

是的，牡丹江很神奇。她西邻长白山脉，东倚镜泊湖畔。那两岸的苍茫，铸就了牡丹江的容颜；那群山的高耸，塑造了牡丹江的高远；那江水的波涛，纯净了牡丹江的心田。花的江，花的河，怎能不让人流连忘返?

是的，牡丹江很壮观。一万年前，大自然瞬间突变，成就了牡丹江鬼斧神工的自然景观。镜泊湖山中有水，水中有山。湖水氤氲着群山，朗润了满山春色，群山倒映在水中，染绿了一湖甘甜。那地下森林古树苍天，更是承载生命的博物馆。一万年，弹指一挥间，历史的尘埃，淹没了多少帝王将相，泯灭了多少战火硝烟。樯橹灰飞烟灭，留下的是牡丹江的壮观!

是的，牡丹江很古老。夏商周留下了肃慎人的足迹，隋唐更有靺鞨族抵挡战火硝烟。大清王朝漫撒满族风情，他们都是牡丹江的祖先。历史的风尘，让牡丹江更加朗健，历代战乱，也没把牡丹江的脊梁压弯。八女投江，染红一江秋水；陈瀚章喋血镜泊湖，血染群山。人民军队英雄虎胆，杨子荣豪气冲天！牡丹江，一路走来一路康健，古去今来，更是如日中天!

是的，牡丹江很超前。江南经济开发区，把牡丹江的视野拓展，桥北的变化更是强悍。曾经的棚户区，变成时尚小区；曾经的烂泥溏，变成了街心公园。虹云桥的拓宽，畅通了桥南桥北。太平路北延，再也不能把桥南桥北隔断。火车站正在翻新扩建，高铁更是把时空缩短。三座跨江大桥飞架南北，把江南江北连成片，大牡丹江的蓝图清晰可鉴。

是的，牡丹江很难得。中国优秀旅游城，全国十大宜居城，中国十佳旅游胜地，中国旅游竞争力百强城市——牡丹江就是张靓丽的名片！

牡丹江，我的家乡；牡丹江，我永远的家园。

评委点评

文章内容新颖，结构合理，流畅连贯，自然通达，细节描写颇具匠心，极富功底，文章线索明朗，主题突出，有景有情，值得鉴赏。

中山的母亲河

广东省中山市博爱小学五年级三班　张家欣

岐江河，我们中山的母亲河，因河流流经石岐而得名。岐江河属西江支流，呈南北走向，全长约39千米。在中山城区石岐，岐江河是人们的"老朋友"了。

碧水蓝天、绿树成阴、鲜花盛开、岸堤整洁，这就是岐江河两岸的面貌。岐江河上每日都有川流不息、来来往往的游船和渔船。岐江河上不止只有船，还有一座桥，它叫岐江桥。在它凌晨两点休息时，岐江桥的中间会往外张开，就像我们的手一样可以张开、合上。岐江河周围有很多大型娱乐休闲的地方，有河畔小公园、兴中广场（有全亚洲最大的摩天轮）、文化旅游步行街、环境优美的大信海岸家园以及大型中山特色大酒店，在石岐区内岐江河上横跨着近10座风格迥异的桥梁。

不用我说，大家都知道岐江河的夜晚吧？夜晚的岐江桥两岸，人山人海，热闹极了！桥栏杆上的灯也开启了，五颜六色，你一眨我一眨，犹如银河系中星星翩翩起舞。游船也陆陆续续开启了灯光，人们一个接着一个步向游船，有的跟着自己的同伴一起，还有的一家大小一起。他们拿着自己买的零食和饮料边观赏边吃，也有的在拍照。小孩子们观赏得很入迷。游船上的灯光像是一群饥饿的小鱼在吃饭，一个接着一个，五颜六色、五彩缤纷。

当然，岐江河的碧波荡漾不是与生俱来的，查阅一下相关资料，母亲河曾经也受到过严重伤害！简洁概括起来是这样的：母亲河20世纪60年代前可作为饮用水，到70年代开始受到污染，80年代变黑变臭，90年代鱼虾绝迹，至2000年又重新恢复到国家地表水IV类水质标准。这期间水质的逐步恶化令人胆战心惊，而短期内水质的恢复又使人刮目相看！但这其中的变化确实是巨大的！从臭水、黑水、死水变成碧波荡漾，可想而知，市政府在改造整治河道污染方面投入了多大的决心、人力、财力和物力。中山是我家，碧水蓝天靠大家！保护环境，爱护岐江河，不要成为一句空口号，必须从个人做起，从小处做起！

岐江河，中山的母亲河，我爱你。

评委点评

文章杂而不乱，能做到详略得当，重点突出。结尾恰到好处地点明中心，语言朴实而含义深刻，耐人寻味。

东方小巴黎——哈尔滨

黑龙江省牡丹江市立新小学三年级六班　白昊桐

哈尔滨在全国大城市中，黎明最早来到这里。经过一晚上夜幕的过滤，空气已经清新。

具有风情的俄罗斯大教堂，华丽的马迭尔餐厅，典雅的日本民宅，精美的民族建筑，装扮这美丽的城市。迷人的太阳岛，绿草如茵的岸边，枝繁叶茂的树林，清爽的江滨浴场，吸引更多的游客来到这里，感受北国风光、千里雪飘的美丽景色，感受晶莹剔透如童话般世界的冰雕、气势磅礴

的雪雕，感受雪地里游乐带来的刺激和体验，感受东北人的豪迈和爽朗。

走进哈尔滨就如同进入异国他乡，让你耳目一新，满是新奇和惊喜。这是一个具有异域风情的城市，热情、明朗、神秘、有魅力。当然它更是我的家乡。它孕育着大气、豪爽、洋气的哈尔滨人，它流淌着爽朗、激情、飞扬的松花江水，它飘扬着冰冷、晶莹、浪漫的北国雪花，它弥漫着温暖、幸福、诱人的咖啡与面包香气。

我爱它，我美丽的家乡，梦中的东方小巴黎！

评委点评

本文充满激情，从字里行间能体会到小作者对哈尔滨的喜爱之情，全文层次清晰，语句流畅，有详有略，言之有序，生动具体，不失为一篇佳作。

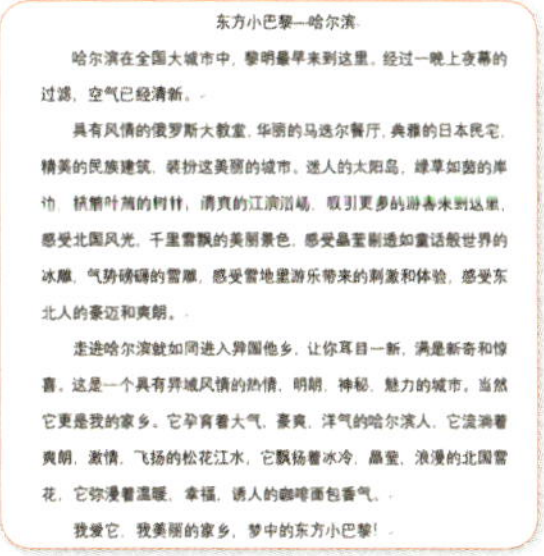

东方小巴黎—哈尔滨

哈尔滨在全国大城市中，黎明最早来到这里。经过一晚上夜幕的过滤，空气已经清新。

具有风情的俄罗斯大教堂，华丽的马迭尔餐厅，典雅的日本民宅，精美的民族建筑，装扮这美丽的城市。迷人的太阳岛，绿草如茵的岸边，枝繁叶茂的树林，清爽的江滨浴场，吸引更多的游客来到这里，感受北国风光，千里雪飘的美丽景色，感受晶莹剔透如童话般世界的冰雕，气势磅礴的雪雕，感受雪地里游乐带来的刺激和体验，感受东北人的豪迈和爽朗。

走进哈尔滨就如同进入异国他乡，让你耳目一新，满是新奇和惊喜。这是一个具有异域风情的热情、明朗、神秘、魅力的城市，当然它更是我的家乡。它孕育着大气、豪爽、洋气的哈尔滨人，它流淌着爽朗、激情、飞扬的松花江水，它飘扬着冰冷、晶莹、浪漫的北国雪花，它弥漫着温暖、幸福、诱人的咖啡面包香气。

我爱它，我美丽的家乡，梦中的东方小巴黎！

我爱你，千岛湖

北京市芳草地国际学校日坛校区三年级三班　付思博

周末，我们全家人一起去千岛湖游玩。一下高速，我们的车子就驶上了去酒店的私家公路。公路弯弯曲曲的，两旁的景色格外美丽。我从右边的车窗望出去，清澈见底的千岛湖在阳光的照耀下波光粼粼，像是披上了一件灿烂的霞衣。我又从左边的车窗望出去，一座座山峰连绵不断，山顶上云雾缭绕，让我仿佛置身于仙境之中。

大约行了十千米，我们就到了掩映在绿树丛中的酒店。酒店真大啊，像一个大迷宫，怎么走也走不完；酒店的设施真多啊，室内泳池、儿童乐园、电影厅、健身房……应有尽有；酒店真美啊，从房间的窗口望出去，便可以看到碧绿碧绿的千岛湖。我躺在阳台的小床上，晒着太阳浴，别提有多么享受了。

第二天一早，我们便去乘船游湖了。来到酒店的私人码头，一艘白色游轮已经静候我们多时了，我激动地冲向游轮，坐在了第一排。等所有人都到齐了，游轮就慢慢地向前驶去。

千岛湖里的小岛就像一个个调皮的小宝贝，把小脑袋探出了水面，好像在和我们打招呼。远远望去，又像是浮在水面上的一个个蘑菇，有趣极了。千岛湖的名字是怎么来的呢？听船上的老爷爷讲，千岛湖上一共有一千零七十八个岛屿，并且还神奇地排列成了一个“公”字，所以大家都称呼它为“千岛湖”。千岛湖里的水是那样绿，绿得好像是被周围绿色的小岛染过似的；水又是那样的深，那样的凉，我用手捧起一把水，水滴从指缝流出，就像一颗颗晶莹剔透的珍珠。

微风吹拂着我的小脸，让我感觉心旷神怡，真是“舟行碧波上，人在画中游”。我爱你，美丽的千岛湖！

评委点评

文章开头简而得当，透过环境描述来衬托人物情绪，十分艺术化。杂而不乱，能做到详略得当、突出重点。结尾恰到好处地点明中心，语言朴实而含义深刻，耐人寻味。

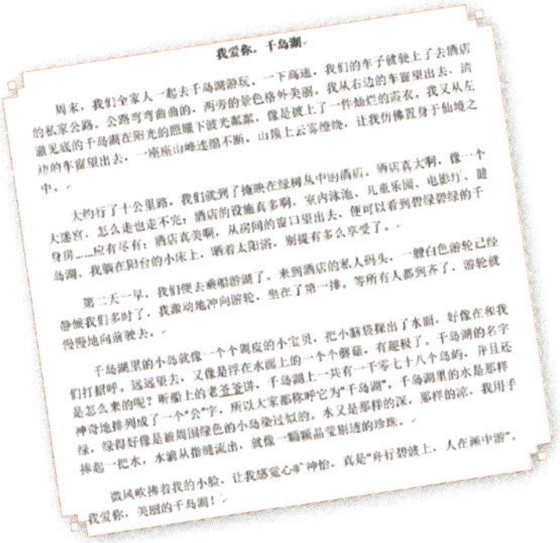

我爱你，千岛湖

周末，我们全家人一起去千岛湖游玩。一下高速，我们的车子就驶上了去酒店的私家公路。公路弯弯曲曲的，两旁的景色格外美丽。我从右边的车窗望出去，清澈见底的千岛湖在阳光的照耀下波光粼粼，像是披上了一件灿烂的霓衣。我又从左边的车窗望出去，一座座山峰连绵不断，山顶上云雾缭绕，让我仿佛置身于仙境之中。

大约行了十公里路，我们就到了掩映在绿树丛中的酒店。酒店真大啊，像一个大迷宫，怎么走也走不完；酒店的设施真多啊，室内泳池、儿童乐园、电影厅、健身房……应有尽有；酒店真美啊，从房间的窗口望出去，便可以看到碧绿碧绿的千岛湖。我躺在阳台的小床上，晒着太阳浴，别提有多么享受了。

第二天一早，我们便去乘船游湖了。来到酒店的私人码头，一艘白色游轮已经静候我们多时了。我激动地冲向游轮，坐在了第一排。等所有人都到齐了，游轮就慢慢地向前驶去。

千岛湖里的小岛就像一个个调皮的小宝贝，把小脑袋探出了水面，好像在和我们打招呼。远远望去，又像是浮在水面上的一个个蘑菇，有趣极了。千岛湖的名字是怎么来的呢？听船上的老爷爷讲，千岛湖上一共有一千零七十八个岛屿，并且还神奇地排列成了一个“公”字，所以大家都称呼它为“千岛湖”。千岛湖里的水是那样绿，绿得好像是被周围绿色的小岛染过似的，水又是那样的深，那样的凉。我用手捧起一把水，水滴从指缝流出，就像一颗颗晶莹剔透的珍珠。

微风吹拂着我的小脸，让我感觉心旷神怡，真是“舟行碧波上，人在画中游”。我爱你，美丽的千岛湖！

明亮的玉石——兴凯湖

黑龙江省牡丹江市光华小学四年级一班　徐翊然

它不是海，却如海一般辽阔、一望无际；狂风阵阵，它像一个动感十足的摇滚歌手，那浪潮一个接着一个，强而有力地拍打着金黄色的沙滩，那"哗啦哗啦"的声音像一首大自然谱写的摇滚乐一样撞击着岸边；微风习习，它又像一个温柔的姑娘，好像在和你微笑、朝你招手，仿佛之前的粗犷、狂野都是假象……这就是富有魅力的兴凯湖，宛如一颗温润动人的玉石，镶嵌在祖国的最东北边。

兴凯湖是鱼的世界，亦是鸟的天堂。在湖边，有一个月牙形的沙滩，就歇息着数不胜数的鸥鸟，像一片灰白色的云，又似一团团银白色的雾气，笼罩在整个沙滩上，连一点空隙也见不到。它们拥挤着、骚动着、喧闹着，仿佛是在岸边举行着盛大的集会，那么的热闹。白天，它们飞向辽阔的湖面寻觅鱼虾，享受捕食的乐趣，它们洗涤羽毛，尽情地在湖面上嬉戏。夜晚，它们就共同歇息在安宁的王国，相互依偎着，做着那美妙的梦……

兴凯湖的沙细腻温软，或坐或卧，静静地聆听湖水的涛声，一切都显得那么的宁静美好，我爱这美丽的兴凯湖！

评委点评

恰当地运用了比喻、拟人，通过生动、形象的语言的描述使读者仿佛置身于梦境一般。描写细腻，语言准确、鲜明生动，内容极其丰富具体，使得文章更显自然亲切。

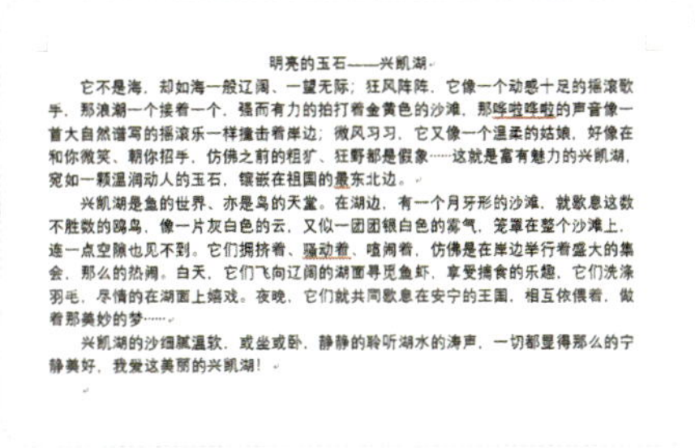

明亮的玉石——兴凯湖

它不是海，却如海一般辽阔、一望无际；狂风阵阵，它像一个动感十足的摇滚歌手，那浪潮一个接着一个，强而有力的拍打着金黄色的沙滩，那哗啦哗啦的声音像一首大自然谱写的摇滚乐一样撞击着岸边；微风习习，它又像一个温柔的姑娘，好像在和你微笑、朝你招手，仿佛之前的粗犷、狂野都是假象……这就是富有魅力的兴凯湖，宛如一颗温润动人的玉石，镶嵌在祖国的最东北边。

兴凯湖是鱼的世界、亦是鸟的天堂。在湖边，有一个月牙形的沙滩，就歇息这数不胜数的鸥鸟，像一片灰白色的云，又似一团团银白色的雾气，笼罩在整个沙滩上，连一点空隙也见不到。它们拥挤着、骚动着、喧闹着，仿佛是在岸边举行着盛大的集会，那么的热闹。白天，它们飞向辽阔的湖面寻觅鱼虾，享受捕食的乐趣，它们洗涤羽毛，尽情的在湖面上嬉戏。夜晚，它们就共同歇息在安宁的王国，相互依偎着，做着那美妙的梦……

兴凯湖的沙细腻温软，或坐或卧，静静的聆听湖水的涛声，一切都显得那么的宁静美好，我爱这美丽的兴凯湖！

神奇的植物园

江西省南昌市京东学校六年级二班　李盛晗；指导老师：李丽霞

今年暑假，爸爸妈妈带着我和弟弟到厦门游玩。在厦门的几天里，我们到了不少景点，可我最喜欢的还是神奇的厦门园林植物园。

一进植物园的大门，我们看见墙壁上的字——厦门园林植物园。爸爸说，这是文学家茅盾题写的。我和弟弟都不明白，反问：“是牛顿吧？”爸爸说：“也不能怪你们，因为没有接触到文学家茅盾的作品。等以后你

们书读多了，会了解的。”

我蹦蹦跳跳，一路往前，其他人紧跟在我的后面。突然，我们看见一块大草坪，特别广阔。我们兴奋地奔跑着、追逐着。欢声笑语中，我和弟弟故意摔跤，随即在草地上打滚，仿佛与大自然融为一体。

到了热带雨林区，我们仿佛走进了电视剧《西游记》里所出现的场景：“烟雾缭绕”，若隐若现。我们大呼小叫，惹得旁边的人偷偷发笑。我们蹲在雨林区溪流上的石头上戏水，弄得一脸的溪水。走着走着，我发现植物丛中爬出一只颜色鲜艳的蜥蜴。我赶紧叫弟弟来看。我们把它团团围住，开心地讨论着。蜥蜴似乎有一些不好意思，很快溜走了。

后来，我们来到多肉植物区。这里有仙人掌科、景天科、番杏科等植物，不少植物长得高大雄伟，让我目瞪口呆！走进仙人掌科植物馆，真是“人外有人，天外有天”！因为，大约五米高的仙人掌“站立”在我的眼前，令我惊叹不已；各式各样萌萌的“小多肉”，让我眼花缭乱。

这次旅行，让我感受到了植物园的魅力，看见了植物园的神奇！

评委点评

文章运用多种感官，描述十分仔细，例如，热带雨林区云雾缭绕，多肉植物区令人眼花缭乱，写出了自己对厦门园林植物园的感受。

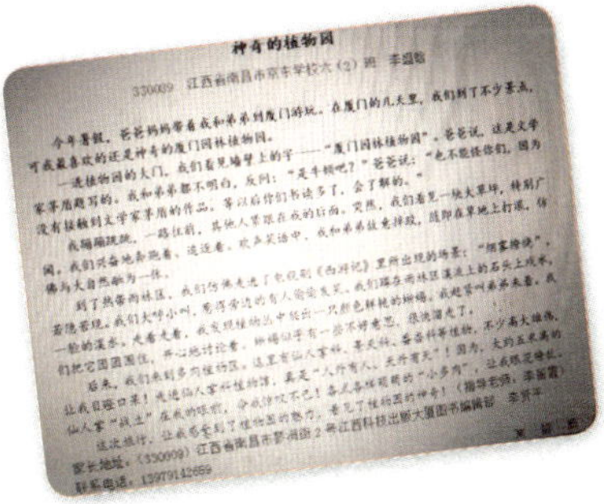
神奇的植物园

330009 江西省南昌市京东学校六(2)班 李

家长地址：(330009) 江西省南昌市

联系电话：13979142659

奇妙的大自然——牡丹峰

黑龙江省牡丹江市先锋小学二年级四班　黄兴

大自然里有许许多多的奥秘，之前我的爸爸带我去了牡丹峰，我就发现了小小的"秘密"，那就是为什么蚂蚁搬家了，明天就一定会下大雨。

在我小的时候就对这个问题很好奇，在我七岁时，我和爸爸去牡丹峰爬山的时候，在山腰间，我发现有一大群小蚂蚁排着长长的队伍，走向一个小洞口，而且每一个小蚂蚁的身上都有一个个像小沙粒一样的东西。我心想：为什么小蚂蚁会背着小沙粒排着长长的队伍往小洞口走呢？我满脑子都是问号，怀着这个疑问就去找了爸爸："爸爸爸爸，为什么小蚂蚁会背着小沙粒排着长长的队伍往小洞口走呢？"后来爸爸才告诉我："那是因为蚂蚁们遇到了闷热的情况，就会告诉'蚂蚁群'，当蚂蚁群知道了这样的情况就会马上搬家。天气闷热，第二天就会下大雨，蚂蚁们会找到一个可以遮风挡雨的小洞口，它们搬家是因为它们以前的屋子会受潮，所以它们要搬家，身上小沙粒的东西就是蚂蚁们的粮食。"哦！原来是这么回事！后来爸爸又和我说："蚂蚁和我们人类是一样的，它们会感觉到闷热，所以在感觉到闷热的情况下，第二天就会下雨。所以呢，人们只要看见蚂蚁搬家就会知道，明天要下大雨。"这也证实了一句谚语，那就是：蚂蚁搬家蛇过道，明天必有大

雨到！大自然怎么这么神奇呢？

这次牡丹峰之行，让我发现大自然给予我们启迪，也是我们人类的老师，大自然给人们带来了聪明和才智，大自然真是太奇妙了！

评委点评

对人物的语言进行了精心细腻的描绘，这是本文的一大特点。按事情的发展顺序记述了“蚂蚁搬家”的事，语言流畅，层次清晰，体现了作者对大自然的尊敬和好奇。

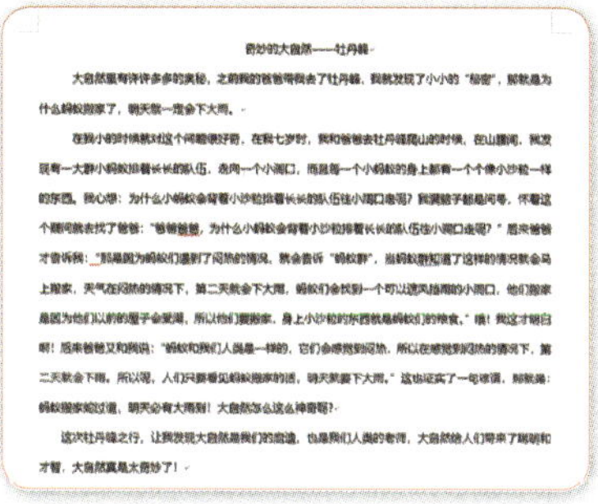

奇妙的大自然——牡丹峰

大自然里有许许多多的奥秘，之前我的爸爸带我去了牡丹峰，我就发现了小小的“秘密”，那就是为什么蚂蚁搬家了，明天就一定会下大雨。

在我小的时候就对这个问题很好奇，在我七岁时，我和爸爸去牡丹峰爬山的时候，在山腰间，我发现有一大群小蚂蚁排着长长的队伍，走向一个小洞口，而且每一个小蚂蚁的身上都有一个个像小沙粒一样的东西。我心想：为什么小蚂蚁会背着小沙粒排着长长的队伍往小洞口走呢？我满脑子都是问号，怀着这个疑问就去找了爸爸：“爸爸爸爸，为什么小蚂蚁会背着小沙粒排着长长的队伍往小洞口走呢？”后来爸爸才告诉我：“那是因为蚂蚁们感到了闷热的情况，就会告诉“蚂蚁群”，当蚂蚁群知道了这样的情况就会马上搬家，天气在闷热的情况下，第二天就会下大雨，蚂蚁们会找到一个可以遮风挡雨的小洞口，他们搬家是因为他们以前的屋子会被淹，所以他们要搬家，身上小沙粒的东西就是蚂蚁们的粮食。”哦！我这才明白啊！后来爸爸又和我说：“蚂蚁和我们人类是一样的，它们会感觉到闷热，所以在感觉到闷热的情况下，第二天就会下雨，所以呢，人们只要看见蚂蚁搬家的话，明天就要下大雨。”这也证实了一句谚语，那就是：蚂蚁搬家蛇过道，明天必有大雨到！大自然怎么这么神奇呢？

这次牡丹峰之行，让我发现大自然是我们的启迪，也是我们人类的老师，大自然给人们带来了聪明和才智，大自然真是太奇妙了！

游青山绿水，做环保之人

山西省晋城市陵川县城南友谊小学四年级四班　刘家桐

我们的周围有好多美丽别致的风景，远离了城市的喧嚣，游玩在大自然的青山绿水之间，总是给人心旷神怡的感觉。前几天，我参加了学校组织的“接触大自然”活动，在感叹大自然的鬼斧神工之余，我更懂得了保护环境的重要。

那天，阳光明媚，我和同学们坐车去王莽岭、锡崖沟、棋子山国家森林公园旅游。

首先，我们去的是王莽岭，那里有高高的青山，远远望去，云雾绕在山间，像给青山系了一条白丝带，显得它们更加巍峨。我们在老师的带领下登上了山顶，哇，仿佛来到了梦幻中的仙境，千姿百态的山尽收眼底，真有一种“一览众山小”的愉悦感，有的像坚强威武的军人，有的像婀娜多姿的少女，还有的像停息的小鸟，王莽岭的景色太美啦！

接下来，我们去了锡崖沟，那里有一条很长很长的瀑布，大约99米长，站在它的下边，让我不自觉地想起了“飞流直下三千尺，疑是银河落九天”的诗句。

最后一个景区是棋子山，它是围棋的发源地，我们参观了展览馆，那里记载了先辈们留下的足迹和事迹，介绍了我们陵川的历史，让我们知道了随着人们的肆意采伐，我们的环境遭到了很大的破坏，是先辈们一代又一代辛苦的付出，坚持不懈的植树造林，才让我们陵川的环境保护得如此之好。

通过这次活动，我近距离感受到了大自然的美，同时深深地知道云山幻影王莽岭、世外桃源锡崖沟、围棋源地棋子山都是大自然和先辈们给我们留下的宝贵财富，我们要继承和发扬先辈们的光荣传统，像保护我们的眼睛一样保护好它们。让我们一起携起手来，共同爱护我们的绿色家园吧！

评委点评

本文按照游览顺序写了一次“接触大自然”活动，融情于景，感情抒发自然，诗句引用得当。

可爱的卧龙，可爱的大熊猫

黑龙江省牡丹江市立新小学四年级六班　陈芊凝

在四川，我们游览了高大威仪的峨眉山；领略了庄严肃穆的乐山大佛；欣赏了稻城亚丁的美丽景色；观赏了人间仙境九寨沟……其中，最让我难忘的便是享誉海内外的卧龙自然保护区，它距成都100多千米，是一个国家级自然保护区。

卧龙自然保护区的自然景观集山、水、林、洞、险、峻、奇、秀于一体，我被这景色吸引得流连忘返。这里的森林覆盖率也是极高的，常年只有春、秋、冬三季，没有炎热磨人的酷暑，和我的家乡比起来真是温度怡人啊！天然的温暖湿润条件造就了多种珍稀动物的生存天堂，其中，最著名的便是我国的国宝大熊猫了。黑黑的两个眼圈、黑黝黝的四肢，配上它圆润笨重的身材，总是那样的惹人喜爱。中华大熊猫园里的小熊猫像个大肉团子一样，活泼好动、爬上爬下的，时不时地还凑到妈妈的嘴边，淘气地想抢鲜嫩可口的竹子，每一个动作，总显得憨态可掬……而成年熊猫便显得稳重多了，它们不紧不慢地挪着步子，享受着时光赐予它们的祥和、美好。

卧龙自然保护区里最让我难忘的就是中国大熊

猫博物馆了，这里保存着最完整、最多的熊猫资料，通过讲解员的讲解，我了解到大熊猫的盛衰史，也了解到我国和世界科学家为培育、保护、拯救珍稀动物大熊猫所付出的努力和其中所包含的艰辛与汗水，明白了为什么大熊猫会被称为我国的国宝。

大熊猫作为“和平使者”，带着中国人民的友谊远涉重洋，到国外攀亲结友、安家落户，深受各国人民欢迎。希望大熊猫可以受到更多人的喜爱，希望世界上会有更多人研究、保护稀有动物。以后我也要做一名科学家，为祖国的繁荣昌盛添砖加瓦！

评委点评

文章线索明朗，主题突出，紧紧围绕“国宝大熊猫是和平使者”进行，详尽且全面地对“四川卧龙”之美进行描写，梳理恰当，笔调畅达。从写作上来说，情节生动，文章有波澜，读起来深受教益，有力，震撼人心。

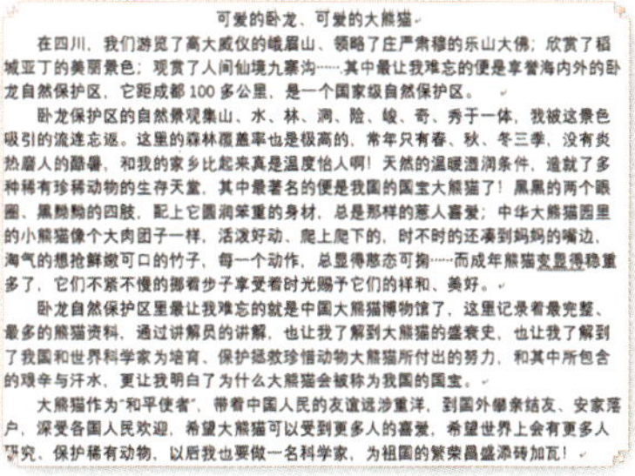

可爱的卧龙、可爱的大熊猫

在四川，我们游览了高大威仪的峨眉山、领略了庄严肃穆的乐山大佛；欣赏了稻城亚丁的美丽景色；观赏了人间仙境九寨沟……其中最让我难忘的便是享誉海内外的卧龙自然保护区，它距成都 100 多公里，是一个国家级自然保护区。

卧龙保护区的自然景观集山、水、林、洞、险、峻、奇、秀于一体，我被这景色吸引的流连忘返。这里的森林覆盖率也是极高的，常年只有春、秋、冬三季，没有炎热磨人的酷暑，和我的家乡比起来真是温度怡人啊！天然的温暖湿润条件，造就了多种稀有珍稀动物的生存天堂，其中最著名的便是我国的国宝大熊猫了！黑黑的两个眼圈、黑黝黝的四肢，配上它圆润笨重的身材，总是那样的惹人喜爱；中华大熊猫园里的小熊猫像个大肉团子一样，活泼好动、爬上爬下的，时不时的还凑到妈妈的嘴边，淘气的想抢鲜嫩可口的竹子，每一个动作，总显得憨态可掬……而成年熊猫变显得稳重多了，它们不紧不慢的挪着步子享受着时光赐予它们的祥和、美好。

卧龙自然保护区里最让我难忘的就是中国大熊猫博物馆了，这里记录着最完整、最多的熊猫资料，通过讲解员的讲解，也让我了解到大熊猫的盛衰史，也让我了解到了我国和世界科学家为培育、保护拯救珍惜动物大熊猫所付出的努力，和其中所包含的艰辛与汗水，更让我明白了为什么大熊猫会被称为我国的国宝。

大熊猫作为“和平使者”，带着中国人民的友谊远涉重洋，到国外攀亲结友、安家落户，深受各国人民欢迎，希望大熊猫可以受到更多人的喜爱，希望世界上会有更多人研究、保护稀有动物，以后我也要做一名科学家，为祖国的繁荣昌盛添砖加瓦！

最美松花江

黑龙江省牡丹江市先锋小学二年级四班　赵宇轩

"我的家在东北松花江上，那里有森林煤矿，还有那满山遍野的大豆、高粱……"这首耳熟能详的歌曲唱的便是我家乡的母亲河——松花江。松花江的满语叫作"松啊察里乌拉"，意为"天河"，它是东北人民的母亲河。除长江、黄河外，松花江的河长、水资源总量、流域面积都是"之最"。但松花江所具备的而长江、黄河没有的，或者说它独有的特色，应该要属冬天千里万里冰封的江面了。大概11月开始，再往后冰面的厚度可以达到2米至3米之多。

那年冬天，伴着漫天飞舞的雪花，我的爸爸带我来到了美丽的冰城哈尔滨，自然是不能错过去松花江游览的机会了。天气很冷，冻得我们一个个脸蛋通红，像极了熟透的苹果，即使这样，我们也乐在其中。结成冰的松花江就像一条银白色的巨龙盘旋在地面上，它那么傲气，那么英姿飒爽，就像是我们黑龙江省的一个特色的代表一样。

我站在松花江的冰面上，虽然比较冷，但是望着头顶的湛蓝、脚底的澄澈，至少那一刻，我的心异常平静，一点也不觉得严冬的寒冷；那一刻，我为这条祖国东北的“巨龙”感到骄傲；那一刻，我为我能生长在这片土地感到骄傲。松花江，我们的母亲河，谢谢您无怨无悔养育我们这么多年！谢谢您像我们的妈妈一样任劳任怨地付出！我永远爱您！

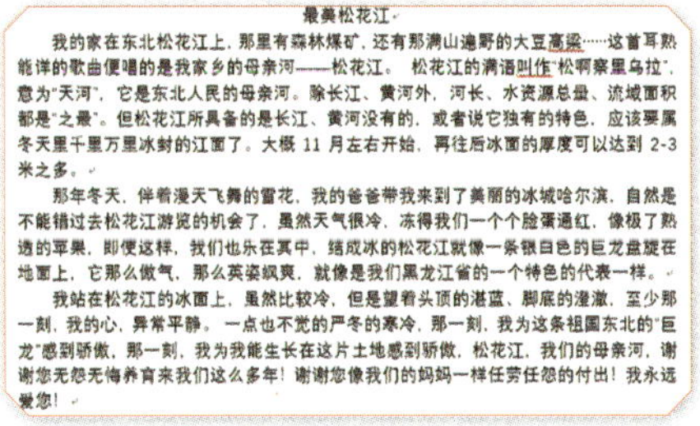
最美松花江

我的家在东北松花江上，那里有森林煤矿，还有那满山遍野的大豆高粱……这首耳熟能详的歌曲便唱的是我家乡的母亲河——松花江。 松花江的满语叫作“松啊察里乌拉”，意为“天河”，它是东北人民的母亲河。除长江、黄河外，河长、水资源总量、流域面积都是“之最”。但松花江所具备的是长江、黄河没有的，或者说它独有的特色，应该要属冬天里千里万里冰封的江面了。大概 11 月左右开始，再往后冰面的厚度可以达到 2-3 米之多。

那年冬天，伴着漫天飞舞的雪花，我的爸爸带我来到了美丽的冰城哈尔滨，自然是不能错过去松花江游览的机会了，虽然天气很冷，冻得我们一个个脸蛋通红，像极了熟透的苹果，即使这样，我们也乐在其中，结成冰的松花江就像一条银白色的巨龙盘旋在地面上，它那么傲气，那么英姿飒爽，就像是我们黑龙江省的一个特色的代表一样。

我站在松花江的冰面上，虽然比较冷，但是望着头顶的湛蓝、脚底的澄澈，至少那一刻，我的心，异常平静。一点也不觉的严冬的寒冷，那一刻，我为这条祖国东北的“巨龙”感到骄傲，那一刻，我为我能生长在这片土地感到骄傲，松花江，我们的母亲河，谢谢您无怨无悔养育来我们这么多年！谢谢您像我们的妈妈一样任劳任怨的付出！我永远爱您！

评委点评

读你的文章真是一种享受。首先，是开头直奔主题，让人一目了然。其次，是思想感情的愉悦，当然还有来自你文章的深邃新鲜的立意。你是个生活的有心人，你用真情打动了别人，这是你作文的最大的成功。

银装素裹之城——哈尔滨

黑龙江省牡丹江市新安小学六年级三班　吴舒贤

在中华大地上，东北部有一个银装素裹之城，那就是美丽的哈尔滨。

太阳岛上洁净的细沙，中央大街上的灯火辉煌，亚布力滑雪场里矫健的身姿，冰雪大世界里的冰雪艺术之美，大教堂里悠扬的钟声，每一处壮丽的景观都会让你对哈尔滨流连忘返，久久驻足！

哈尔滨是一首抒情的诗，是一篇印在教科书上的美文，总想一遍一遍地朗诵，总想一遍一遍地去品味，来过哈尔滨的人，便会一生记住它的名字，记住它优美的韵律。如果把中国比作是一条腾飞的巨龙，那么哈尔滨就是它清亮美丽的眼睛。黑土地赋予它眼睛的深邃，透过眼睛可以感受到一种无比博大的内存。哈尔滨是一方神奇的圣土，是一座美丽的清池，是造物主在有意无意间神化的手中之笔。当下，哈尔滨人将冰雪演绎成一种具有浪漫情怀、精美绝伦、巧夺天工、晶莹剔透、震撼至深的艺术奇葩，与城市建设交相辉映，奏响了华丽的乐章，点燃的是激情，彰显的是文明。

美丽的哈尔滨就像一个热情奔放的热血青年，随时接纳八方游客，等待把每个人都装扮成冰雪之

人。让我们一起融入这银装素裹的大地之中，让冰雪之城成为真正的北方之珠！

评委点评

充分运用动静结合的手法，并辅以比喻、拟人等手法，透过生动形象的语言进行描述，使读者仿佛置身于梦境一般“银装素裹的哈尔滨”。艺术性极高，用词很吸引人，读后让人久久回味。

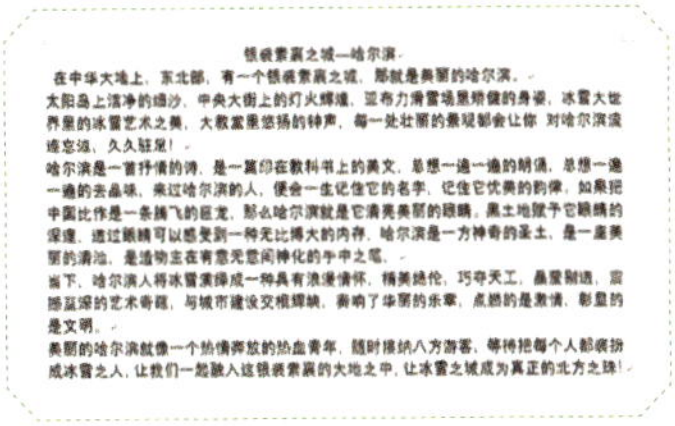

银装素裹之城—哈尔滨

在中华大地上，东北部，有一个银装素裹之城，那就是美丽的哈尔滨。

太阳岛上洁净的细沙，中央大街上的灯火辉煌，亚布力滑雪场里矫健的身姿，冰雪大世界里的冰雪艺术之美，大教堂里悠扬的钟声，每一处壮丽的景观都会让你 对哈尔滨流连忘返，久久驻足！

哈尔滨是一首抒情的诗，是一篇印在教科书上的美文，总想一遍一遍的朗读，总想一遍一遍的去品味，来过哈尔滨的人，便会一生记住它的名字，记住它优美的韵律，如果把中国比作是一条腾飞的巨龙，那么哈尔滨就是它清亮美丽的眼睛，黑土地赋予它眼睛的深邃，透过眼睛可以感受到一种无比博大的内存，哈尔滨是一方神奇的圣土，是一座美丽的清池，是造物主在有意无意间神化的手中之笔。

当下，哈尔滨人将冰雪演绎成一种具有浪漫情怀，精美绝伦，巧夺天工，晶莹剔透，宏博蕴深的艺术奇葩，与城市建设交相辉映，奏响了华丽的乐章，点燃的是激情，彰显的是文明。

美丽的哈尔滨就像一个热情奔放的热血青年，随时接纳八方游客，等待把每个人都装扮成冰雪之人，让我们一起融入这银装素裹的大地之中，让冰雪之城成为真正的北方之珠！

渤海镇之旅

黑龙江省牡丹江市长安小学五年级一班　胡博文

渤海镇——中国第一火山小镇，它神秘而又富饶……今天，就让我带着大家开启我人生的第一次研学之旅“渤海古国历史农业文化研学”。让我们通过游览中国第一火山小镇——渤海国时期的护国寺、兴隆寺和渤海上京龙泉府遗址，去了解它的历史与艺术价值。

驱车一个多小时，我们来到了“渤海上京龙泉府博物馆”。一下车，我就被眼前这座灰色建筑所吸引，这座建筑并不宏伟，不像我们生活在城市中高楼大厦那般气势如虹，但我却怀揣着敬仰的心情去仰望它的“历史”……“五年级一班，集合！”带队老师的话语将我带回了现实，进博物馆参观是要排队的，哈哈哈！同学们立刻齐刷刷地列队待发，唯恐因为站排这点小事而耽误时间。我们真想快点进入这座灰色的大房子里一探究竟。“我们面前这座由石灰岩所构成的建筑，就是渤海上京龙泉府博物馆……”带队老师边说边带领我们进入了博物馆的大门。

进入博物馆，导游阿姨为我们详细讲解：“这是当时渤海国的俯瞰图。”“哇……渤海国原来这么大啊！”同学们不禁赞叹。博物馆里不仅展现了当时渤海国的繁荣盛况，还陈列着渤海国留下的稀世珍宝，让我不禁对这个中国第一火山小镇心生敬畏，这里真是集所有智慧于一体呀！在观看渤海国影片的时候，自己仿佛身临其境于这个小镇的“历史”中，在历史知识的海洋里尽情畅游着……

时间过得真快，转眼间到了中午，太阳灼烧着大地，吃过饭后的我们并没有倦意，不亦乐乎地嬉笑着、激动着、兴奋着——因为，我们马上就要去插秧苗啦，哈哈哈！我们穿着一个叫“皮叉”的专业制服走在去水稻田的路上。皮叉，一件看似雨靴子，又看似胶皮裤子，实际上是雨靴子和胶皮裤子连接在一起的插秧苗专用制服。穿上皮叉在水稻田里插秧，既不会弄湿鞋，也不会弄脏裤子，农民伯伯真聪明啊！带队老师在水稻田里给我们示范如何插秧，详细地讲解着。同学们已经迫不及待，跃跃欲试。老师说：“每人两列，三人一组，开始！”我们走进松软而黏的水稻田里，看着我们小小的身材穿着小皮叉，就证明插秧苗，我们是认真的。插秧苗的秘诀就是将秧苗插入泥中两到三厘米，一棵秧苗就插好了，不仅要插得牢固，而且还要插得整齐。因为我们组的小伙伴们听

得详细，学得认真，很快，我们就掌握了插秧苗的"技术"，回头看着我们插得整整齐齐的秧苗随风舞动，心里美滋滋的！正在我高兴之余，一件有趣的事情发生了——我的脚已经深深地陷在了水稻田中动弹不得，哈哈哈……拔啊拔，拔啊拔，使劲拔，"噗"！终于拔出来了。可是，拔出了这只脚，另一只脚却又陷进去了，就这样拔啊拔，拔啊拔，拔来拔去，又要拔脚，又要插秧的，很辛苦，汗水不知不觉地从脸颊淌了下来，来不及多想就用插秧苗的小泥手去擦拭着汗水，汗水伴着泥水留在脸颊两侧。当然，还有比我更惨的，有的同学拔不出来就原地求救，等待救援；有的同学因为拔的力气太大，导致身体失去平衡没站稳，一屁股坐进了水稻田里……每名同学都亲身体验着农民伯伯的艰辛，农民伯伯可真不容易啊！结束时我们每个人的身上、手上、脸上都是泥水，活生生的变成了一个个小泥猴。

从水稻田里上岸时，同学们不约而同地背起了李绅的《悯农》：锄禾日当午，汗滴禾下土。谁知盘中餐，粒粒皆辛苦。同学们的背诵声，回荡在水稻田……

渤海镇之旅

唉！真是粒粒皆辛苦呀！我保证，以后可不会再剩饭了。

就这样，我们结束了这次愉快而有意义的渤海之旅，无穷的智慧围绕着我们，离去时已是黄昏。

评委点评

本文内容曲折、耐人寻味，描写细腻，叙述详尽，条理清晰，生动有趣地描写出在渤海镇拔水稻的画面，非常富有画面感。并引用诗句，更耐人回味。

多彩泰山

山东省青岛市沙子口小学四年级　姜琪

泰山很美，树木葱茏，云雾缥缈，怪石云集。一旦问你泰山是什么颜色的，你一定会毫不犹豫地说是绿色的。是的，曾经我也会这样说。但今年暑假去过泰山后，我却改变了原先的想法。

望着“五岳之首”，我不禁赞叹它的高大与雄伟。望着那葱茏的绿色，我觉得那是自然界中最美的颜色。我们开始向上攀爬，一路上小鸟“叽叽喳喳”地叫着，仿佛在欢迎前来登山的客人。泉水淙淙地流淌着，好像在演奏一首欢迎曲。千姿百态的松树伸展着树干，似乎在向游人招手。一切都是那么新鲜有趣。我深深地吸了一口气，果然，大自然的空气就是和城市不一样。我又仔细地嗅了嗅，咦，怎么有一股酸臭味？

我看了看周围，山路两旁、台阶上、椅子上、购物大棚旁，处处堆满了各种颜色的垃圾，有饮料瓶、食品包装袋、塑料袋、糖纸、果皮等，原来碧绿碧绿的泰山变得“五彩缤纷”。我觉得很奇怪，也很气愤，明明泰山上有禁止乱丢垃圾的标语，也有随处可见的垃圾桶，人们为什么要乱丢垃圾呢？他们不为自己的行为感到羞愧、感到无地自容吗？

彩虹很美，我喜欢那绚丽的颜色。泰山很美，但我不喜欢“彩色”的泰山。快点行动起来吧，现在“涂绿”泰山还来得及，别等到不可挽回的时候再后悔！

评委点评

本文题目新颖，引人遐想，令人忍不住想去了解为什么说泰山是多彩的。对于景色的描述，语言简练而准确，情景自然融合。全文清新秀逸，亲切委婉，朴素而不落俗套，值得借鉴。

中国雪乡

黑龙江省牡丹江市立新小学六年级九班　王堃铭

在黑龙江这片神奇的土地上，有一个很小很小的村庄。
尽管地图上难觅它的身影，它却是享誉神州的雪乡！
我到过许多冰封雪覆的山庄，没见过哪个地方比雪乡更令人向往！
它的美为什么如此奇异？它的美为什么举世无双？
这是因为它诞生于寒流和暖流相互撞击的地方！
北雁南飞播苍凉，长空卷玉露为霜。
朔风有意吹劲草啊，白雪无声落故乡！

我徜徉在茫茫的雪乡，银洒千峰，光摇万象。

一缕缕炊烟绕山坳，一排排小树披银装。

一桩桩篱笆梳密雪，一道道篱影透斜阳。

一串串红灯映林海，一群群孩子笑脸盈盈歌声扬。

急雪回风弥漫处，宛如梨花在飘荡。

莫道严冬无诗意哟，雪韵雪魂胜红妆！

啊——好一幅迷离的水墨画啊，好一派醉人的北国风光！

雪乡——你是牡丹江畔的娇子，你是清凉世界的华章！你是吉祥如意的象征，你是冰雪艺术的殿堂！

你的风采——在摄影家的镜头里生辉；

你的情怀——在旅游者的记忆中珍藏！

你的奉献——溶注在黑油油的沃土里；

你的美名——镌刻在中华巨龙的脊梁上！

评委点评

景物描写传神逼真，遣词造句贴切得体，景随情生，情景交融，呈现在读者面前的恰似一幅生动传情的写生画。本文源于生活，不失生活的真实，又高于生活，开拓读者的视野，充满了艺术魅力。

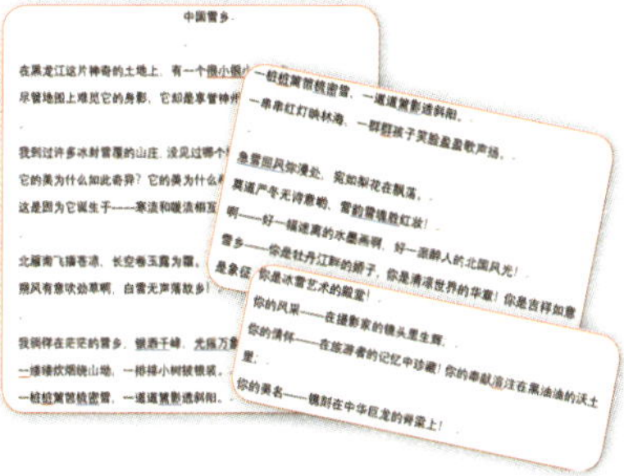

后　记

自然教育是以森林、湿地等自然资源及生态环境为依托，促使公众接触自然、了解自然、体验自然的教育形式，森林公园等自然保护地是开展自然教育的重要场所。为了贯彻党的十九大精神，不断提高少年儿童的生态保护意识，进一步普及自然科学知识，在国家林业和草原局森林公园管理办公室、国家林业和草原局森林旅游管理办公室的支持下，由中国林业教育学会自然教育分会、中国林业与环境促进会自然资源营地委员会、中国林学会森林公园分会、中国生态文化协会森林生态文化分会共同主办了“绿水青山图　童眼看自然”全国小学生自然教育征文活动。此次征文主题是以“绿水青山图　童眼看自然”为主题，从小学生独特的视角讲述自己走进森林公园等自然保护地，参加各类自然教育活动中的发现、收获与感悟，包括发现自然之美、探究自然的奥秘、感悟人与自然的关系等方面的内容。

本书收录的是优秀文笔奖、优秀感悟奖和优秀观察奖部分获奖选手的作品。

在此征文活动中，国林教育咨询（广东）有限公司、深圳昊德宸教育集团、青岛市沙子口小学、青岛市崂山区第二实验小学、深圳市龙园外语实验学校、深圳市鹏兴实验学校、牡丹江昇华脑潜能开发学校、杭州博颖艺术培训有限公司等8家单位组织小学生积极参与，经活动组织委员会研究予以颁发“优秀组织奖”。

国林教育咨询（广东）有限公司　“自然教育新出发、艺术点亮中国星”，受北欧森林主题教育与美国营地教育发展的启迪，依照中华人民共和国教育部等部委联合所发的关于“研学旅行”文件精神，以构建中国青少年自然·艺术全素质教育平台、打造中国最美营地连锁品牌为使命，聚集在森林中成长并有艺术和体育特长的一支阵容强大的外教团队，共同研发自然·艺术青少年全素质教育课程体系与森林、湖泊、海湾、农庄等自然教育系列场景，通过精心设计的教学内容创造从6个月婴儿到16岁青少年体验式学习，包括触感、运动、体能训练，审美感知，好奇心、想象力、同理心培养以及建立在开阔世界观基础上的团队合作能力与领导力训练。

深圳市昊德宸教育集团 一家集中小学教育、学前教育、国际教育、教育培训、学校后勤服务为一体的专业性、综合性民营教育集团。集团旗下有15家独立法人单位，其中涵盖2所九年一贯制学校、10所幼儿园、1个教育培训中心、1个后勤服务中心和1个早教中心。2所学校均为广东省一级学校，10所幼儿园中有省一级幼儿园1所，市一级幼儿园6所。董事长叶华炜是中国共产党深圳市第六届党代表、中国杰出民办教育家，他把现代企业先进管理理念创造性地运用到办学中来，始终坚持创办高端、现代、国际化的优质教育，以培养具有中华情怀、国际视野的卓越人才为己任。集团现系广东省民办教育协会理事单位，是深圳教育规模大、社会评价好、辐射作用强的民办教育集团之一。集团现已形成国际理解教育实验、英语教学、书香校园、生态阅读、幼儿教育环境创设、幼儿区域合作学习、绿色学校、艺术教育、健康促进等九大特色品牌。下属深圳市鹏兴实验学校被评为“中国民办十大知名品牌学校”，培训中心被评为“中国民办十佳培训机构”。

深圳市鹏兴实验学校 坐落在风景秀丽的深圳梧桐山下、仙湖之畔，是罗湖区办学体制改革的一所国有民办学校，是深圳市昊德宸教育集团的一面旗帜。建校于2000年，学校一直秉承“追求卓越，争创一流”的办学宗旨，以"教育源于爱"的办学理念，高起点、高标准、高质量地建设学校，实现了学校环境、管理、设施、设备、质量"五个一流"的办学目标。办学第三年就评上"广东省十佳民办小学"，2005年评上了"广东省一级学校"，并先后荣获"全国青少年文明礼仪教育示范基地""全国艺术特色教育先进单位""中国民办教育名牌学校""广东省绿色学校""全省先进民间组织""深圳市依法治校示范校""深圳市推进现代学校制度建设先进校"等称号。2016年秋季，学校从小学六年制改为九年一贯制，同时创办了国际教育理解实验班，开创了罗湖区基础教育阶段学校之先河。学校以"培养具有中化情怀、国际视野的卓越人才"为目标，构建了多元、个性化的课程体系，进行了"班额设置、课程设置、教材选用、师资配备、教学方式、教学环境、管理模式"七大改革尝试；探索以学生发展为核心素养的未来人才培养新模式；实现中西合璧、双语并重，旨在为现代化中国培养具有中华情怀、国际视野的卓越人才。

深圳市龙园外语实验学校　一所九年一贯制学校，现为广东省一级学校、深圳市首届优质民办学校、中国十大民办品牌学校。学校环境美、设备优、师资强、服务好、质量高，在社会上树立了良好的口碑。学校占地面积9460平方米，建筑面积6783平方米，绿化面积达60%。校园树木葱茏，鸟语花香，环境幽雅，设备齐全，设施先进，是莘莘学子读书成才的理想福地。学校师资雄厚，教学环境严谨，学风优良，是广大家长们望子成龙的热门之选。学校以"教育源于爱"为教育理念，以培养具有中华情怀、国际视野的卓越人才为目标，努力创造适合每一个学生的教育。近年来，学校基于对当前中小学素质教育的思考，提出了"特色小学、优质初中"的办学思路，将儒家文化与国家现代学校课程教育相融合，采用多种形式进行课程与教学改革，建构了适合学生发展的课程体系。学校积极开展课堂教学改革，实现课程结构优化，形成了自己的课程文化，校本课程开发日渐规范，为学生创设优良的学习环境，培养学生研究学习、自主学习、合作学习的能力，学生在校外各级各类竞赛和学业检测中成绩优异。学校建构了科学的管理体系，制度完善，流程清晰；学校十分重视“家校共同体”建设，充分发挥家长委员会作用，在共同办好学校方面发挥了重要作用。

青岛市崂山区第二实验小学　为崂山区教育体育局直属学校。学校占地面积32403平方米，建筑面积14039平方米，目前有一到四年级共39个教学班，近2000名学生。办学思想现代多元，坚持“现代化引领、国际化带动、信息化支撑、特色化发展”办学方向，开放式办学，成立校务委员会、家长委员会、学术委员会，推进现代学校制度建设。建校以来，学校秉承“让生活走进学校、让教育回归生活”的办学理念，以“生活教育”为引领，将最先进的教育思想理念融入细致务实的工作中，凭借优越的地理位置，优质的教育资源，自主公平的教育环境，致力于办成一所学生喜欢、家长放心、社会满意的高质量和高品位的学校，培养会生活、有情趣、敢担当、具有远大目标与理想、能够脚踏实地做好每一件小事、拥有人文气质和山海品格的现代小学生。

青岛市沙子口小学　始建于1967年11月，1996年7月合并段家埠、董家埠、栲栳岛、崂山小学，2014年9月迁入位于崂山区沙子口街道渔海路的现校址。学校占地面积36685平方米，建筑面积20628平方米，现有教学班36个，学生1450人，教职工102人。学校以“以鱼授渔、自主成长”的办学理念，以“抓管理、求质量、树形象、创名校”为办学目标，以“海洋教育和传统文化”为办学特色，以勤、严、精、细为管理的切入点，以提高教师的师德修养、业务水平及教科研能力为中心，以提升教育质量、培养学生的创新精神和实践能力为重点，全方位开展教学活动。学校致力于“渔趣课堂”教学模式的改革，教学成绩一直稳居全区前列。

牡丹江昇华脑潜能开发学校　牡丹江第一家最权威的专注于青少年全脑学习能力训练的学校。通过科学系统的训练方法，激发人类大脑潜能，提升左脑的思维能力，激活右脑巨大潜能，从而全方位提升大脑的想象力、创造力、专注力、理解力、观察力、记忆力、思维力、直觉力共八大能力，让孩子达到真正的左右脑平衡发展。学校占地面积600余平方米，拥有一流的教学设备，优越的学习环境，专家级教师坐镇校区，打造高水平的师资队团，为学习效果保驾护航。学校秉承着"一切为了孩子，为了孩子的一切"的教学理念，全力打造最"高效"的学习能力课堂，帮助孩子缩短记忆时间，提高学习效率，让孩子能"轻松记忆，快乐学习"！牡丹江昇华脑潜能开发学校以教学理念新、教学内容活、教学效果好为教学特点，努力让所有学员成为全面发展的优秀少年。校内学员先后参加全国诗词大赛、世界脑力锦标赛等权威性赛事，并取得优异的成绩！

同时，世界自然基金会、腾讯企鹅辅导、中南林业科技大学林业创新融合发展研究所、北京益生同德投资有限公司、北京青鸟中体投资基金管理有限公司、北京中鼎云科技有限公司、广州欢乐岛康体设备有限公司、广州市东方文旅产业开发有限公司、广州阿米巴广告有限公司、野果（广州）生态环境科技有限公司、拾野川自然教育科技控股（广州）有限公司、广州欢乐岛康体设备有限公司、广州市东方文旅产业开发有限公司、中科巨能光波新能源科技股份有限公司、涿州市凤鸣农业科技有限公司等15家单位作为活动的协办单位，在软件开发、场地提供、技术支撑、人员调配、条件支持等方面做出了突出贡献，经组织委员会研究授予"特别贡献奖"。

北京益生同德投资有限责任公司（以下简称"益生同德"） 成立于2013年，作为第一代进入生态康养的民营企业，益生同德首开现代健康生态生活先河，倡导新型会员制康养度假理念，结合"健康"文化与俱乐部运营机制重塑"生态"文化；秉承生态优先，以促进和改善人们的生活为目标，大力发展文化旅游、康养旅游事业，推动个性化旅游成为人们改善生活品质、追求高质量生活的催化剂和必需品，为人们身心修养提供理想的天然居所。多年来，益生同德响应国家政策，紧紧跟随“美丽中国，美丽乡村”“既要金山银山，也要绿水青山”的国家战略，始终关注并发展生态康养事业，现拥有北京延庆蒲公英生态农场、河北任丘益生康养中心，并在国家中部、南部进行战略布局，开发更多优质森林康养基地。益生同德以良好的信誉、满意的服务、高度的社会责任感赢得了广大客户和社会各界的广泛赞誉，规范企业管理，打造一流团队，制造一流产品，创造一流企业，为实现更宏伟商业蓝图、更优社会效益不懈努力。

北京中鼎云科技有限公司 秉持“盘活要素资源，助力乡村振兴”的理念，致力于盘活中国农村的生产力要素市场、有效配置各类资源、激活农村经济。旗下拥有：中国领先的农村不动产数据、交易与金融服务平台——来买地www.laimaidi.com；中国首个农特产品与城市社区对接线上平台——微地主www.weidizhu.com；覆盖村镇商业网点的智能视频媒体平台与流量入口——农广传媒www.agrimedia.cn。公司已融资多轮，累计超亿元人民币，处于快速发展扩张阶段，诚邀有志青年共同实现梦想。

广州市东方文旅产业开发有限公司（原广州东方园林） 1999年成立，是一家集主题公园策划、设计、建造一体化服务的公司。企业创始人自1998年参与设计、建设中国第一批主题公园“锦绣中华”“中华民俗文化村”“世界之窗”以来，创建了一支富有创造性的团队，至今在文化旅游领域取得了不俗的成绩。广州市东方文旅产业开发有限公司一向秉承“质量第一、安全第一”的创业宗旨，务求把客户项目作为一件件艺术精品来完成，力求做到最好，达到“三满意”：自己满意，领导满意，客户满意。

广州欢乐岛康体设备有限公司 始创于20世纪80年代初，经过三十多年的发展壮大，已发展成为集创新研发、设计、销售、生产、安装、售后服务为一体的中国华南地区规模最大的大型综合玩具生产龙头企业，专为幼儿园学前教育、住宅小区、高档会所、公园、商场、私人庭院或其他公共活动场所设计生产儿童游乐设备、教学装备、全民健身器材、淘气堡等康体设施和大型水上游乐产品。通过20多年的努力，公司始终秉承“诚信是资本，质量是生命，创新是动力”的经营方针，一路走来，成果辉煌。如今，欢乐岛户外健身器材产品，以其优雅美观的设计品位和完善周到的贴心服务而异军突起、独树一帜，赢得众多消费者的簇拥称赞，产品远销全球五大洲三十多个国家，客户遍布世界每个角落，与国内一些知名房地产企业建立了长期合作关系，上万所幼儿园成为其服务的对象。特别是响应国务院对发展学前教育的十条改革政策措施，公司积极参与协助各省份幼儿园建设，以儿童特有的兴趣与成长过程为基础，全方位为幼儿园量身打造教学装备产品及环境配套设施，帮助幼儿园达到各级办学标准，提升幼儿园品牌价值！

广州阿米巴广告有限公司 成立于2006年，以“多维整合，实效创意（ECMI：Effective Creation in Multi-dimensional Integration）”为服务理念，使创意从人性出发，回归人性，以创意的魔力触动消费者的内心，为客户提供覆盖全国的全方位创意行销广告服务。公司整合了“设计”“礼品与包装”“公关”“展览”“出版物编辑制作”“媒介”“艺术沟通”“摄影与图片处理”“网页创意”“VIP俱乐部行销平台”等服务核心，服务于品牌的市场策略，为客户提供多维度、整合性的实效广告传播方案。公司是国内非4A广告公司获得法国戛纳广告节铜狮奖的首家，其设计作品曾入选亚太设计年鉴。公司曾服务新世界中国地产、广州万科商业、保利地产、新鸿基地产、力迅地产、富力地产、恒大地产、周大福珠宝、谢瑞麟、广汽传祺、一汽大众汽车、长安福特汽车、资生堂、友邦等多个品牌，服务项目范围包括品牌代理、公关活动、展览展示。成功公关活动项目有：广州第一届水上花市、小王子城市体验馆、新世界中国地产——广州大剧院新年音乐会、凯粤湾游艇巡礼等。

野果（广州）生态环境科技有限公司 公司核心是环境教育，环境教育的目的是促进人们对人与生态环境及自然资源的整体性认知。普世认为环境教育与许多学科领域的知识概念有关，是建立在学科领域的基础工作上的。野果环境教育试着建构一个涵盖知识、情境、意志三层面的教育循环的学习体系，以真实的环境为教学内容，整合生态、农业、文化、艺术、治疗与生活技能的环境学习，透过野果环境教育课程的带领，发展个人的道德伦理观、生活价值观以及生命信念等，让个人内在生命对环境产生建设性的态度，这也就是野果环境教育最终的意义。

拾野川自然教育科技控股（广州）有限公司 由家族力训练机构与0～3岁台湾国际托婴中心体系，3～6无边界森林教育体系，婴幼儿环境友好规划体系，婴幼儿环境教育主题规划体系共同打造的人与自然、人与生命、人与传承的环境友好与自然教育体验机构，目前在广州、佛山、深圳、湖北、山东等地建立了幼儿森林教育与自然研学实验基地，致力于建立适龄适性、自然发展、森林观察与适应力营地训练的服务体系，参与体系建设的单位均是幼儿森林教育与自然研学的先行者。

中科巨能光波新能源科技股份有限公司 于2017年4月28日在武汉市光谷高新技术开发区成立。经营范围包括：光波新能源的技术开发、技术推广及产品的批发兼零售；电站建设、安装、技术服务；光波组件的技术咨询、技术服务及批发兼零售；商务信息咨询（不含商务调查）。近年来在全球背景下，人类热切地期盼着未来有一种可持续、绿色、高效的新能源诞生。中科巨能光波新能源科技股份有限公司（简称“中科巨能”）就是致力于新兴战略能源研究的一股活跃力量。中科巨能曾组织专家在光热能源、铝能源、中国能源战略与“一带一路”建设的能源需求等领域进行研究，发表了一些理论与实践相结合的研究成果，特别是在新兴战略能源领域取得了“光波新能源技术”的实践这一重大创新成果。在中科巨能的组织下，相关各方经深入调研和交流，就光波新能源技术的战略价值和前景给予了充分的肯定，坚定了中科巨能“让清洁高效能源改变世界”的信念，让中科巨能深切地感受到身上肩负的使命和社会责任。

涿州市凤鸣农业科技有限公司 本着以科技培育为根本，着眼于树种成活率高、树种色彩别致的新品种培育。公司技术负责人孙海园拥有十余年的植物非试管高效快繁技术产业化项目实践经验，掌握多种经济植物的大规模无性繁殖技术。此技术是一项区别于传统育苗技术与植物组培技术的高新技术。建立崭新的经济植物苗木快繁技术体系，将植物组培快繁苗从试管培养基中解放到田间大地，是一场无性繁殖快速育苗的革命，是现代农林生物技术研究的一大创举！该技术育苗生产成本低，适用于国内外苗木交易市场和经济植物种苗繁殖工程。绿色快繁产业是一个永久性高效益产业！植物非试管高效快繁技术与植物组培试管快繁和传统育苗技术相比，具有以下先进性：单芽一株苗，片叶一棵树；不受季节、温度、土壤等限制，均可连续快繁；技术操作快、易推广；培训简单、劳动效率高；繁殖难度系数骤降；增殖系数几何增长；步骤简、成本低、时间短；培养的苗木成熟种苗纯度高、无病虫；多数品种不受限制，组培难题不再是难题。

以上这些企业在本次活动中，对于在全国范围开展“美丽中国少年说系列自然教育”做出了极大的贡献，在此一并表示感谢。期望更多的企事业单位、领导专家和学者，更多地关注青少年自然教育活动，让更多的青少年感受到生态文明的建设成果、享受到追求美好自然生活的自由。特此鸣谢！

全国小学生自然教育征文活动组织委员会
中国林业与环境促进会
2018年10月15日于北京

中国碧玺谷森林小镇

中国碧玺谷森林小镇坐落在素有“北回归线上的明珠”和“广州后花园”之誉、“中国温泉之都”之美称的广东省广州市从化区。

中国碧玺谷森林小镇项目的建设，以“森林生态为核心基础，康养为技术核心，旅游、康养、种植产业为支撑，文化为灵魂”的建设发展方针，既符合我国国情，又符合地方产业发展情况，以森林康养、生态旅游度假休闲为重点，以世界最珍稀温泉——含氡元素小苏打温泉、濒危珍稀植物基地、药用植物种植基地、可溯源绿色食品、岭南特色水果为主的全产业链建设为目标，整合文化、旅游、健康、教育、医疗、基地等资源，建设宜居、宜业、宜养小镇，实现生产、生活、生态“三生”融合，探索小镇发展新模式。届时，在北京房山区、密云区、怀柔区、延庆区等全国合适的地方复制、推广中国碧玺谷森林小镇模式，为实现中国城镇化健康发展和建设社会主义新农村提供新的尝试。

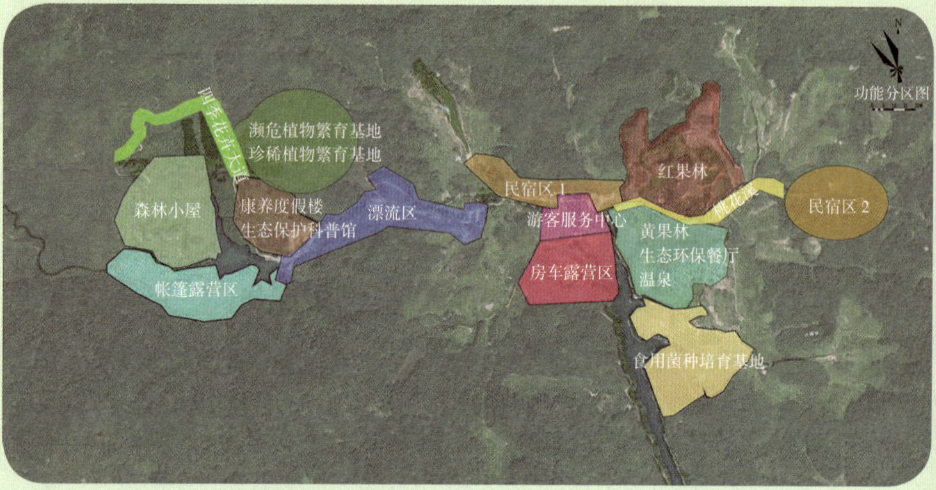

概念规划布局

1. 游客中心
2. 阳光餐厅
3. 红果林
4. 民宿区 2
5. 温泉度假村
6. 菌类培育基地
7. 房车露营基地
8. 民宿区 1
9. 亲子游乐园
10. 碧玺漂流
11. 康养度假馆，生态保护科普馆
12. 珍稀植物培育基地
13. 森林小屋
14. 旅游者之家（露营基地）
15. 花卉大道

中国碧玺谷森林小镇的创建用“双核”“三带”的方针迅速形成碧玺谷理念。双核：以森林康养、森林旅游为核心。三带：建设森林康养产业带、森林旅游观光带、基地生产经济带。小镇落实“健康中国”的战略方针，云集了国内外著名医学专家和健康管理学者，依托并应用中华医学会健康管理学分会、解放军总医院（301医院）健康管理研究院等，以森林生态为核心基础，用传统医学与现代医学结合的方法，实施健康管理、亚健康筛查、慢病康复、含氡小苏打温泉保健治疗、肿瘤防治及抗衰老等森林康养项目，并达到国内外高端水平，使负氧离子、原生态保健植物——厚鳞柯、世界最珍稀温泉、岭南水果及高山种植等天然优势得到强调和放大。开展与中国国际旅行社、港中旅集团等合作开发国内、国际市场的森林康养旅游消费者，使基地成为闻名遐迩的森林康养旅游休闲度假首选地。

世界银杏领域中心——

湖南衡阳·银杏文化康养特色小镇

湖南衡阳·银杏文化康养特色小镇以银杏基地为基础，以银杏文化为平台，以4A级旅游景区为环境，以银杏生物科技为技术支撑，以银杏产品交易为纽带，以银杏林下特色养殖与立体种植为辅助，核心内容支撑起一个银杏大健康，最终形成以银杏为主题、多产业紧密融合、以康养带动旅游的产业格局，从而形成以世界银杏领域中心为内容，以银杏文化康养特色小镇为形式，建设以银杏为主题、多产业有机融合的世界银杏领域中心和中国乡村经济振兴事业的标杆，实现一片银杏叶玩遍全球的梦想。

湖南华冠银杏产业集团有限公司的银杏基地坐落在衡阳市衡南县宝盖镇，核心区距镇政府800米。基地始建于1994年，核心区占地1000公顷，在地银杏果树125000多棵。树种有别于绿化景观银杏树，为嫁接的专门用于产银杏果和银杏叶的伞形银杏树，即银杏果树。这个银杏基地具有如下特点。

一是嫁接银杏果树林全国连片面积最大（相比苗圃绿化树种，具有在地时间长久、果树价值高、果叶产量高、易采摘、可持续经济价值高等特点）；

二是以一个单位为主体种植的银杏林全国面积最大（相比以分散农户为主体种植的银杏林，更便于整体打造、组织产业转型升级和多产业有机融合，易于做大做强银杏产业）。本银杏基地在中南地区也面积最大，故宝盖镇有“中南银杏之乡”之美誉。

三是康养小镇项目如能建成运营，将是全国首个以银杏康养为题材的特色小镇，也将是世界银杏领域中心。